HEYNE <

W0347760

GEFRAGT GEJAGT

Sind Sie besser als der Quizgott?
Mit über 200 Fragen aus der
beliebten Wissenssendung im Ersten
zum Quizprofi werden

Mit den besten Tipps von
Jägerin und Jägern

WILHELM HEYNE VERLAG
MÜNCHEN

FSC
www.fsc.org
MIX
Papier aus verantwortungsvollen Quellen
FSC® C014496

Penguin Random House Verlagsgruppe FSC® N001967

Originalausgabe 04/2022

»Gefragt Gejagt« ist eine Produktion der ITV Studios Germany
im Auftrag der ARD Werbung und der ARD für Das Erste.

Autor: Thorsten Zirkel
Illustrationen: Maria-Flores Amersdorffer
für DAS ILLUSTRAT, München
Innenteilfotos: © ARD/Uwe Ernst und Thomas Leidig
Redaktion: lüra – Klemt & Mues GbR
Umschlaggestaltung: Hauptmann & Kompanie Werbeagentur, Zürich,
unter Verwendung von Fotos von
© ARD/Uwe Ernst und Thomas Leidig
Satz: Schaber Datentechnik, Austria
Druck: GGP Media GmbH, Pößneck
Printed in Germany

ISBN: 978-3-453-60615-9

www.heyne.de

Inhalt

Liebe Leserinnen und Leser,
liebe Fans von »Gefragt Gejagt«,

es stimmt mich sehr froh, dass Sie dieses Buch in den Händen halten können und jetzt aufschlagen und die ersten Seiten anschauen. Meine Freude hat mehrere Gründe, und ich möchte sie Ihnen gerne darlegen.

Es ist tatsächlich schon neun Jahre her, seit ich seinerzeit zu einem Termin beim NDR in Hamburg fuhr, um über ein neues Format zu sprechen. Ich war Moderator einer täglichen Nachrichten- und einer Sportsendung und im Begriff, meine ersten größeren Erfahrungen in der ARD zu machen. Olympia 2012 in London stand vor der Tür, ich war nominiert, das Ereignis als Moderator vor Ort zu begleiten, es war eine aufregende Zeit.

Ich war mit der Mischung aus Politik und Sport sehr zufrieden, sie entsprach meinen Interessen und Fähigkeiten – und so hatte ich auch schon mehrfach leichtes Kopfschütteln einiger Verantwortlicher größerer Produktionsfirmen in Kauf genommen, nachdem ich deren Angebote zu weiteren Formaten interessiert gehört, aber letztendlich abgelehnt hatte. »Bommes will kein Quiz«, hieß es zu der Zeit, und ich konnte ganz gut damit leben …

Und so trafen wir uns also in entspannter Atmosphäre im NDR, ich machte meinen üblichen Flachs, indem ich fragte, was mir denn dieses Mal auf den im Fernsehen viel zitierten »Leib geschneidert« werden sollte – und bekam als Antwort: »Schauen Sie sich einfach mal diese Sendung aus England an.«

Das tat ich – und es passierte das, was man eigentlich nur aus Filmen oder Liebesliedern kennt: Es war um mich geschehen ...

Das Licht, die Musik, der Glanz, die Schnelligkeit, die Spannung, die Präsenz der Jäger – ich war regelrecht hingerissen von »The Chase« und wusste sofort: Das ist es!

So begann eine wunderbare Reise, und wissen Sie, was das Schönste ist? Nach neun Jahren, sieben Staffeln, 571 Folgen und 69 153 Fragen ist nichts von dieser Faszination verloren gegangen, eher im Gegenteil – sie ist noch gewachsen.

Dazu haben mehrere Faktoren beigetragen.

Die hohe Identifikation unseres Teams beispielsweise, das sich in fast identischer Besetzung regelmäßig die Zeit nimmt, um innezuhalten und diesen gemeinsamen Weg zu würdigen.

Die Begeisterung und Sympathie unserer Jäger und Jägerinnen, die diese Sendung von Beginn an getragen und geprägt haben.

Sie haben nicht nur ein umfassendes und bewundernswertes Wissen, sie sind auch tolle Teamplayer und wunderbare Menschen, denen es am Herzen liegt, unsere Kandidatinnen und Kandidaten, aber auch Sie als Zuschauerinnen und Zuschauer zur Wissenserweiterung zu animieren und zu zeigen, dass Wissen Spaß machen kann.

Und nicht zuletzt unsere Kandidatinnen und Kandidaten, die in riesiger Zahl zu uns gekommen sind und sich weiterhin in riesiger Zahl bewerben, um sich mit unseren Jägern und jetzt auch unserer Jägerin zu messen.

Es macht mir jeden Tag wieder unheimlich Spaß, diejenigen kennenzulernen, die nervös, aber mutig, aufgeregt, aber vorfreudig neben mir stehen und nach meinen Worten »Hier kommt der Jäger« gebannt nach oben schauen, um zu erfahren, wer Gegnerin oder Gegner sein wird. Ich bin sehr dankbar, diese Momente immer wieder mit ihnen teilen zu dürfen.

Liebe Leserinnen und Leser, liebe Jugendliche, liebe Kinder – »Gefragt Gejagt« ist für uns als Team, für unsere Fans und auch für mich als Gastgeber mehr als eine Fernsehsendung. Es ist eine tägliche Freude und eine Ehre, Teil des Ganzen zu sein.

Ich wünsche Ihnen und Euch viel Spaß beim Lesen und Quizzen.

Die Jagd beginnt!

Ihr/Euer

Alexander Bommes

Schnellraterunde

1.

Leticia Koffke war die erste sowie die letzte »Miss ...«?

2.

Welches Tier spielt beim biblischen Sündenfall eine zentrale Rolle?

3.

Was ist auf dem einzigen achteckigen Verkehrsschild zu lesen?

4.

Mit wem gewann Tennisspieler Michael Stich 1992 olympisches Gold im Herrendoppel?

1. DDR
2. Schlange
3. Stop
4. Boris Becker

5.

Welche Violinistin erhielt 2019 mit dem
»Praemium Imperiale«
den »Nobelpreis der Künste«?

6.

Herbert Schmalstieg war von
1972 bis 2006 Oberbürgermeister welcher
niedersächsischen Großstadt?

7.

Im Jahr 1955 erschien Alfred Hitchcocks Film
»Über den Dächern von …«?

8.

Welchen Vornamen teilen sich die
Prominenten Ballack und Herbig?

5. Anne-Sophie Mutter

6. Hannover

7. Nizza

8. Michael

9.

In welcher Stadt steht das Kolosseum,
das größte je gebaute Amphitheater der Welt?

10.

Aus welchem Land stammte der
K-Pop-Star Seo Minwoo?

11.

Heinz Erhardt reimte:
»Auf einem Baume saß ein Specht.
Der Baum war hoch. Dem Specht war …«?

12.

Welcher Zwergplanet ist nach
der griechischen Göttin der Zwietracht
und des Streits benannt?

9. Rom

10. Südkorea

11. schlecht

12. Eris

13.

Wie lautet das Fremdwort
für eine Radrennbahn?

14.

In welcher europäischen Hauptstadt
verbindet ein Personenaufzug
die Stadtteile Baixa und Chiado?

15.

Welcher Begriff steht für ein noch nicht
fertiges Gebäude und für eine Tierhöhle?

16.

In welchem Land wurde 1793 erstmals
der Meter als Grundmaßeinheit festgelegt?

13. Velodrom

14. Lissabon

15. Bau

16. Frankreich

17.

Spitzbogenfenster gelten als typisches
Bauelement welcher Kunstepoche?

18.

Welches Metall ist Hauptbestandteil
der Legierungen Messing und Bronze?

19.

Aus welchem Land stammte der
Astronom Tycho Brahe?

20.

Von welchem Apfel werden
nur die roten Kerne gegessen?

17. Gotik

18. Kupfer

19. Dänemark

20. Granatapfel

21.

Welche italienische Stadt gilt seit Stradivaris Zeiten als Hochburg des Geigenbaus?

22.

Wie heißt das Stäbchen, das beim Mikado den höchsten Punktwert hat?

23.

Welche weltberühmte italienische Schauspielerin erhielt 2019 für ihr Lebenswerk den Europäischen Kulturpreis?

24.

Welche Umweltschutzorganisation nennt sich selbst auch »Rächer der Entlaubten«?

21. Cremona

22. Mikado

23. Sophia Loren

24. Robin Wood

25.

Wie heißt im antiken griechischen Theater ein Gott, der am Ende eines Stücks alle Probleme löst?

26.

Wer drehte »Lola rennt« und führte auch in den ersten beiden Staffeln der TV-Serie »Babylon Berlin« Regie?

27.

Wie heißt der Zauberstabmacher, von dem Harry Potter seinen Zauberstab bekommt?

28.

Welchen 1988 gestarteten Aktienindex erfand der Finanzjournalist Frank Mella?

25. Deus ex Machina

26. Tom Tykwer

27. Garrick Ollivander

28. DAX, Deutscher Aktienindex

29.

Welcher Kongress fand zwischen September 1814 und Juni 1815 im Palais am Ballhausplatz statt?

30.

In unmittelbarer Nähe welcher Schweizer Metropole befindet sich das Kernforschungsinstitut CERN?

31.

Der geschichtsträchtige Bendlerblock ist ein Sitz welches Bundesministeriums?

32.

Welches Füll- und Edelgas gibt Leuchtröhren ihren Trivialnamen?

29. Wiener Kongress

30. Genf

31. Bundesministerium der Verteidigung

32. Neon

33.

Welche US-Sängerin veröffentlichte das Album »Oops! ... I Did It Again«?

34.

Wer komponierte 1819 das »Forellenquintett«?

35.

Wie heißt in Deutschland der Nachweis über lateinische Sprachkenntnisse?

36.

Aus welchem Land stammt der Portwein?

33. Britney Spears

34. Franz Schubert

35. Latinum

36. Portugal

37.

Welcher US-amerikanische Großinvestor
trägt den Spitznamen »das Orakel von Omaha«?

38.

Wie wird die Geburtsnarbe
beim Menschen genannt?

39.

In welcher Weltstadt wurde der
Schlagerstar Caterina Valente geboren?

40.

Welcher Schriftsteller und Theaterautor
veröffentlichte 1953 sein weltberühmtes
Drama »Hexenjagd«?

37. Warren Buffett

38. Nabel, Bauchnabel, Umbilicus

39. Paris

40. Arthur Miller

41.

In welcher Serie klärt David Hasselhoff
mit einem sprechenden Auto Verbrechen auf?

42.

Der Comic-Held Lucky Luke zieht
schneller als sein eigener …?

43.

Welcher Wissenschaftler wurde 1917
der erste Direktor des heutigen
Max-Planck-Instituts für Physik?

44.

Welche Argentinierin brachte
nach ihrer Karriere als Tennisprofi ihre
eigene Parfümmarke heraus?

41. Knight Rider

42. Schatten

43. Albert Einstein

44. Gabriela Sabatini

45.

Die Maxvorstadt mit ihren vielen Museen
befindet sich in welcher Millionenstadt?

46.

Welcher griechische Ausdruck bezeichnet
die selbstlose, göttliche Liebe?

47.

»Let The Sunshine In« ist ein Song
aus dem Hippie-Musical …?

48.

An wessen Grab ließ die Baseball-Legende
Joe DiMaggio 20 Jahre lang
dreimal wöchentlich Rosen bringen?

45. München

46. Agape

47. Hair

48. Marilyn Monroe

49.

Welche Stadt im Harz verleiht seit 1975 den Kaiserring an zeitgenössische und internationale Künstler?

50.

Für seine Hauptrolle in welcher Finanzwelt-Serie erhielt Barry Atsma 2018 einen Fernsehpreis als bester Schauspieler?

51.

George Harrison wurde bekannt als Leadgitarrist welcher Band?

52.

Mit welchen Vögeln werden in der Schlafforschung Langschläfer verglichen?

49. Goslar

50. Bad Banks

51. The Beatles

52. Eulen

53.

Welche Philosophin schrieb das aufsehenerregende Buch »Eichmann in Jerusalem«?

54.

Welches redensartliche Möbelstück taugt gut für Leute mit Aufschieberitis?

55.

In welchem Land wird der Theaterpreis Nestroy verliehen?

56.

Von welcher Kinderbuchautorin handelt das Biopic »Astrid«?

53. Hannah Arendt

54. die lange Bank

55. Österreich

56. Astrid Lindgren

57.

Welche volkswirtschaftliche Kennzahl wird mit »BIP« abgekürzt?

58.

In welcher deutschen Stadt steht das Schloss Sanssouci?

59.

Die Intendantin des Berliner Ensembles Helene Weigel war wessen zweite Ehefrau?

60.

Welches Streichinstrument wird im Englischen als »double bass« bezeichnet?

57. Bruttoinlandsprodukt

58. Potsdam

59. Bertolt Brecht

60. Kontrabass

61.

Wie heißt der Superlativ von »gern«?

62.

Wie heißt die Währung der Benelux-Staaten?

63.

In welchem heutigen Land brach Mahatma Gandhi 1930 zum sogenannten Salzmarsch auf?

64.

Welcher Park in Manhattan ist fast doppelt so groß wie Monaco?

61. am liebsten

62. Euro

63. Indien

64. Central Park

65.

In welchem Ozean liegen die Falklandinseln?

66.

Welche Zahl folgt in einer IBAN nach Länderkennung und Prüfziffer?

67.

Welches mit A beginnende Fremdwort benennt einen als absolut richtig erkannten Grundsatz, der keines Beweises bedarf?

68.

In welchem Jahrhundert trat die Verfassung der USA in Kraft?

65. Atlantischer Ozean, Atlantik

66. Bankleitzahl

67. Axiom

68. 18. Jahrhundert

69.

Bei einem Fäustling ist welcher Finger von den anderen separiert?

70.

Für welches hohe politische Amt kandidierte Luise Rinser 1984 erfolglos?

71.

Welches italienische Küchengewürz wird hierzulande auch als »Wilder Majoran« bezeichnet?

72.

Welche Wissenschaft wird auch Ökonomie genannt?

69. Daumen

70. (deutsche) Bundespräsidentin

71. Oregano

72. Wirtschaftswissenschaft

73.

Es gilt der Ehrenkodex, dass wer als Letzter das sinkende Schiff verlässt?

74.

Welches Gebirgssystem wird das »Rückgrat Italiens« genannt?

75.

Mit dem Film »Belle de Jour« begann die Zusammenarbeit von Catherine Deneuve und welchem Modedesigner?

76.

Die für den Handel wichtigen ZARA-Häfen sind Zeebrügge, Amsterdam, Rotterdam und …?

73. Kapitän/in

74. Apennin

75. Yves Saint Laurent

76. Antwerpen

77.

Welches Vitamin kann im menschlichen Körper nur mithilfe von Sonnenlicht entstehen?

78.

Welches Tierkreiszeichen folgt direkt auf Jungfrau?

79.

In welchen Monat fällt in Deutschland der Tag der Arbeit?

80.

Der Heraklit zugeschriebene Ausspruch »panta rhei« bedeutet wörtlich »alles …«?

77. Vitamin D

78. Waage

79. Mai

80. fließt

Steckbriefe

»Der Quizgott« – Sebastian Jacoby

Seit wann sind Sie Jäger bei »Gefragt Gejagt«?

Ich bin im Sommer 2013 zum Jäger-Korps gestoßen. Die prominenten Gegner in meiner ersten Sendung waren Hella von Sinnen, Mareile Höppner, Sven Martinek und Bürger Lars Dietrich. Hella und Lars kamen ins Finale und erreichten 15 Punkte, die ich nach ungefähr 1:30 Minuten einholen konnte.

Wie sind Sie zu Ihrem Spitznamen gekommen?

Der Name entstand in offener Diskussion mit der Redaktion der Sendung. Es wurden verschiedene, mehr oder minder passende Möglichkeiten diskutiert und die aus Sicht aller Beteiligten geeignetste ausgewählt.

Was ist Ihr eigentlicher Beruf?

Ich arbeite als produktionsnaher Controller für einen großen deutschen Stahlkonzern. Außerdem betätige ich mich im Nebenberuf als Autor für und Moderator von Quizveranstaltungen.

Was ist Ihre Lieblingsrubrik? Welche Rubrik liegt Ihnen gar nicht?

Seit meiner Kindheit habe ich ein Faible für Geschichte. Wenn Fragen aus dieser Kategorie in der Show zu beantworten sind, freue ich mich immer besonders. Byzantinistik kommt dabei leider immer zu kurz ☺. Aktuelle Musik und Fragen zum Thema Stars und Sternchen sind nicht meine Welt.

Wie »trainieren« Sie fürs Quizzen?
Ich schreibe eine relativ große Anzahl von Quizfragen. Dadurch bekommt man ein Gespür dafür, welche neuen Fakten sich für spannende Fragen eignen. Immer wenn mir dann so ein Fakt »begegnet«, mache ich eine Notiz im Handy. Später formuliere ich die Fragen aus. Auf diese Weise bleiben die Informationen auch bei mir selbst besser hängen. Außerdem nehme ich an vielen Quiz-Wettkämpfen (WM, EM, Deutsche Meisterschaften) teil. Last but not least hilft es auch, gewisse langfristig stabile Informationen in Listenform zu lernen.

Haben Sie einen Tipp, wie man behält, was man liest oder sieht?
Setzen Sie verschiedene Sinne ein, um die Information zu memorieren. Verbinden Sie Emotionen mit dem gewünschten Lerninhalt, und bringen Sie Struktur in die Gesamtheit der zu speichernden Fakten.

Was machen Sie, wenn Sie bei einer Frage auf dem Schlauch stehen?
Bei »Gefragt Gejagt« ist das – speziell in der schnellen Finalrunde – nicht einfach. Wenn man die Antwort auf eine Frage kennt, sie aber gerade nicht abrufen kann, hilft es manchmal, sich Bilder oder Informationen in Erinnerung zu rufen, die mit dem gesuchten Begriff in Verbindung stehen. Sucht man beispielsweise nach Deutschlands Trainer bei der WM 1954, Sepp Herberger, so kann man sich nicht nur sein Gesicht vorstellen, sondern auch an ihm zugeschriebene Aussprüche wie »Der Ball ist rund und ein Spiel dauert 90 Minuten« denken. Manchmal taucht der Name dann plötzlich auf. Wenn

man mehr Zeit hat, um auf die Antwort zu kommen, kann man auch eine »Alphabetliste« anfertigen: Man schreibt alle 26 Buchstaben des Alphabets auf. Dann streicht man die Buchstaben, die nach eigenem Gefühl nicht passen. Meistens bleiben nur wenige Buchstaben übrig, die einem ein gutes Gefühl geben. An die versucht man dann zweite Buchstaben anzuhängen. In nicht wenigen Fällen führt das zum Erfolg.

Was ist Ihr Lieblingsfakt?
Wussten Sie, dass Neuseeland im Herbst 2021 allen Ernstes seinen Staatsmagier entlassen hat?! Was macht man denn – gerade in der heutigen Zeit – ohne einen solchen Amtsträger? Völlig unverantwortlich!

»Der Besserwisser« – Sebastian Klussmann

Seit wann sind Sie Jäger bei »Gefragt Gejagt«?

Ich sitze seit 2013 auf dem Jägerstuhl und bin damit mit Sebastian Jacoby der dienstälteste Jäger der Truppe.

Wie sind Sie zu Ihrem Spitznamen gekommen?

Der Spitzname »Besserwisser« ist mir vom Produzenten der Show verpasst worden, wohl aufgrund meines forschen Auftretens. Zunächst gefiel mir der Name überhaupt nicht, ein typischer Besserwisser bin ich nicht – oder zumindest nicht mehr.

Was ist Ihr eigentlicher Beruf?

Ich habe gegenwärtig keinen klassischen Bürojob, sondern bin das, was man neudeutsch als Freelancer bezeichnet, also Freiberufler. Ich trete als Vortragsredner und Speaker bei Unternehmen, Verbänden, Schulen und anderen Organisationen auf und spreche dort über Lernstrategien, Wissenserweiterung und die Bedeutung von Allgemeinwissen. Darüber hinaus bin ich Autor, darunter auch für Quizfragen, moderiere Events und Veranstaltungen und leite verschiedene weitere Projekte.

Was ist Ihre Lieblingsrubrik? Welche Rubrik liegt Ihnen gar nicht?

Zu meinen Stärken zählen Kunst, Politik und Wirtschaft. In letzterem Themengebiet habe ich sogar die einzige Goldmedaille für Deutschland bei der Quiz-Olympiade 2021 in Krakau geholt. Weitere Gebiete, die mir gut gefallen, sind Geschichte, Geografie, Wissenschaft und Kulinarik. Im Fernsehen tue ich mich etwas schwer, wenn ich schnell Sprichwörter vervollständigen muss, das ist kein Geheimnis. Darüber hinaus weiß ich so gut wie nichts über Astrologie – und dabei wird es auch bleiben.

Wie »trainieren« Sie fürs Quizzen?

Ich habe keinen Trainingsplan, habe aber natürlich einen großen täglichen Informationsinput. Ich habe viele Newsletter abonniert, lese viel, gehe gerne in Museen und bilde mich beim Reisen weiter. Ich bin seit 2011 Vorsitzender des Deutschen Quiz-Vereins, des DFB des Quizzens, und wir richten eine riesige Zahl an Quizzes aus. Das ist neben dem Verfassen eigener Fragen und der Teilnahme an Quizmeisterschaften natürlich ein ausgezeichnetes »Training«. Wichtig ist jedoch: Ich lerne nichts stupide auswendig, sondern habe Spaß am Lernen.

Haben Sie einen Tipp, wie man behält, was man liest oder sieht?

Für mich ist einer der wichtigsten Lerngrundsätze: Man muss diversifizieren! Das heißt, man muss über viele verschiedene Wege lernen: Bücher und Tageszeitungen lesen, Radio und Podcasts hören, reisen und ins Museum gehen und natürlich TV gucken! Je vielfältiger, desto besser – und über je mehr Sinne man lernt, desto besser bleibt es hängen. Wir müssen Informationen sehen und hören (das sind auch im Gehirn unterschiedliche Regionen), und es geht übrigens auch fühlen, riechen und schmecken – ich nähere mich Kulturen z. B. immer gerne über die Küche!

Erfolgreiches Lernen kommt nicht ohne Wiederholung aus, aber wenn man es vielfältig gestaltet, hat es nichts mit langweiligem Karteikartenlernen zu tun. Und das Schöne ist: Beim Essen, äh Lernen, kommt der Appetit, und es wird immer einfacher. »Wer hat, dem wird gegeben«, den Matthäus-Effekt gibt es auch beim Lernen, und »lebenslanges Lernen« ist keine Phrase, sondern eine Kernkompetenz unserer Zeit.

Was machen Sie, wenn Sie bei einer Frage auf dem Schlauch stehen?

Das kommt ganz darauf an, wie viel Zeit mir zur Verfügung steht, um die Frage zu beantworten. Bei »Gefragt Gejagt« ist die Zeit sehr knapp bemessen, was ja auch den Reiz ausmacht, und da kommt es häufiger vor, dass man auf dem Schlauch steht. Im Finale versuche ich grundsätzlich auf Grundlage einzelner Begriffe – ich versuche, schon beim Hören zu filtern – Bilder im Kopf zu generieren: Personen, Sehenswürdigkeiten, Gemälde etc. erscheinen vor dem geistigen Auge, und dies kann dem Gedächtnis im entscheidenden Moment auf die Sprünge helfen. Wenn ich etwas mehr Zeit habe, dann versuche ich mich sprachlich zu nähern und gehe beispielsweise das Alphabet in meinem Kopf durch, in der Hoffnung, dass es beim Anfangsbuchstaben klickt und ich mich an Namen und Infos erinnere, die ich mal gelesen oder gehört habe.

Was ist Ihr Lieblingsfakt?

Ein Lieblingsfakt? Das ist unmöglich, das ist ja wie sein Lieblingskind zu benennen. Ich bin ständig auf geistiger Entdeckungsreise – im Trüffelschweinmodus auf der Suche nach anregenden Fakten und Zusammenhängen. Was mich zuletzt im Bereich Politik begeistert hat: In unserem Nachbarland Dänemark folgten von 1993 bis 2009 drei Regierungschefs mit demselben Nachnamen aufeinander: Rasmussen. Und im demokratischen Japan gab es nach dem Zweiten Weltkrieg vier Premierminister, deren Großväter bereits das gleiche Amt inne hatten – solche Dynastien sind ja für Demokratien höchst untypisch.

»Der Bibliothekar« – Klaus Otto Nagorsnik

Seit wann sind Sie Jäger bei »Gefragt Gejagt«?
Seit der dritten NDR-Staffel, also seit anno 2014

Wie sind Sie zu Ihrem Spitznamen gekommen?
Siehe Frage 3! ☺ Da musste niemand beim »Erfinden« des Spitznamens viel Fantasie verschwenden.

Was ist Ihr eigentlicher Beruf?
Ich war Bibliothekar in der Stadtbücherei Münster, genieße jetzt aber meinen Ruhestand.

Was ist Ihre Lieblingsrubrik? Welche Rubrik liegt Ihnen gar nicht?
Lieblingsrubriken sind Geschichte und Literatur. Alles, was bei Trivial Pursuit pink und orange ist, liegt mir gar nicht, also Trivia, Klatsch und Tratsch, populäre Musik, Televisionäres etc.

Wie »trainieren« Sie fürs Quizzen?
Auswendiglernen konnte ich schon in der Schule nicht gut. Ich versuche immer, Neues oder Gefragtes mit schon vorhandenem Wissen zu verknüpfen – und wenn es »um 17 Ecken herum« ist.

Haben Sie einen Tipp, wie man behält, was man liest oder sieht?
Siehe Frage 5: Verknüpfen und vernetzen! Und natürlich: neugierig bleiben.

Was machen Sie, wenn Sie bei einer Frage auf dem Schlauch stehen?
Durchatmen, zur Not eine Wissenslücke akzeptieren, die Antwort oder Lösung möglichst abspeichern und auf die nächste Frage warten.

Was ist Ihr Lieblingsfakt?
Das wechselt. Immer der neueste, bisher unbekannte, der mich überrascht.

»Der Quizvulkan« – Manuel Hobiger

Seit wann sind Sie Jäger bei »Gefragt Gejagt«?
Seit 2018.

Wie sind Sie zu Ihrem Spitznamen gekommen?
Ich habe einst meine Diplomarbeit in experimenteller Vulkanologie geschrieben und bin heute als Seismologe tätig. Die meisten Vulkane sind die meiste Zeit ruhig und brechen nur gelegentlich aus. Insofern passt der Spitzname besser, als so mancher denkt.

Was ist Ihr eigentlicher Beruf?
Ich bin Diplomphysiker und habe in Geophysik promoviert. Heute arbeite ich beim Erdbebendienst des Bundes an der Bundesanstalt für Geowissenschaften und Rohstoffe in Hannover.

Was ist Ihre Lieblingsrubrik? Welche Rubrik liegt Ihnen gar nicht?
Geografie und Wissenschaft sind meine Spezialgebiete, mit Populärkultur und Fernsehserien kann ich hingegen wenig anfangen.

Wie »trainieren« Sie fürs Quizzen?
Ich versuche nicht, irgendwelche Fakten auswendig zu lernen. Stattdessen bin ich vielseitig interessiert und lese gerne. Die regelmäßige Teilnahme an Quiz, zum Beispiel beim Deut-

schen Quiz-Verein, trainiert natürlich auch. Außerdem quizze ich gerne im Internet.

Haben Sie einen Tipp, wie man behält, was man liest oder sieht?

Man muss einfach vielseitig interessiert sein, dann kann man sich auch die entsprechenden Informationen gut merken. Bei Dingen, die einen nicht interessieren, wäre der Aufwand ungleich größer. Wissen, das in einen größeren Zusammenhang eingebettet ist, kann man sich auch besser merken.

Was machen Sie, wenn Sie bei einer Frage auf dem Schlauch stehen?

Ruhig bleiben und versuchen, nicht den Faden zu verlieren.

Was ist Ihr Lieblingsfakt?

Entgegen der weit verbreiteten Meinung gibt es Pinguine, die in freier Wildbahn auf der Nordhalbkugel leben. Die Galapagos-Pinguine brüten tatsächlich auch einige Kilometer nördlich des Äquators.

»Die Generalistin« – Adriane Rickel

Seit wann sind Sie Jägerin bei »Gefragt Gejagt«?
Seit dem 13. September 2021 darf ich mitspielen.

Wie sind Sie zu Ihrem Spitznamen gekommen?
Ich habe wohl den Eindruck hinterlassen, von allem etwas zu wissen.

Was ist Ihr eigentlicher Beruf?
Ich arbeite als Korrektorin in einem mittelständischen juristischen Verlag.

Was ist Ihre Lieblingsrubrik? Welche Rubrik liegt Ihnen gar nicht?
Ich mag Literatur und Wörter generell. Musik und Sport sind leider nicht so meins. Aber ich arbeite daran!

Wie »trainieren« Sie fürs Quizzen?
Durch Quizzen, Reden und Lesen, Neugierigbleiben.

Haben Sie einen Tipp, wie man behält, was man liest oder sieht?
Meiner Erfahrung nach bleibt das, wofür man sich interessiert, leichter im Gedächtnis. Also offen bleiben, nachfragen – die Fragen kann man auch nur für sich selbst formulieren.

Was machen Sie, wenn Sie bei einer Frage auf dem Schlauch stehen?
»Passe« sagen, mich auf die nächste konzentrieren. Wichtig ist, gedanklich nicht bei dem »Hänger« zu bleiben. Ärgern kann man sich nachher immer noch.

Was ist Ihr Lieblingsfakt?
Aktuell: Dass Konrad Adenauer 14 (fast schon 15) Jahre alt war, als Sitting Bull starb.

»Der Quizdoktor« – Thomas Kinne

Seit wann sind Sie Jäger bei »Gefragt Gejagt«?
Ich bin seit der vierten ARD-Staffel, also 2018, Teil des Jäger-Teams, nachdem ich in der ersten ARD-Staffel (2015) Kandidat in der Show war.

Wie sind Sie zu Ihrem Spitznamen gekommen?
Zum damaligen Zeitpunkt gab es noch keinen promovierten Jäger, also war »Quizdoktor« ein Alleinstellungsmerkmal. Allerdings ist dann Dr. Manuel Hobiger in der gleichen Staffel zum Team gestoßen, sodass es eigentlich zwei Quizdoktoren bei uns gibt. Ich fand die Bezeichnung einfach praktisch, weil sie viele Möglichkeiten für Wortspiele eröffnet – das sieht man ja immer wieder in der Sendung.

Was ist Ihr eigentlicher Beruf?
Jedenfalls kein Arzt – ich habe in Amerikanistik promoviert. Gearbeitet habe ich danach in der Touristik und als Übersetzer. Ich übersetze hauptsächlich Sachbücher – meist zu Themen, in denen ich mich besonders gut auskenne, wie Film oder Comics.

Was ist Ihre Lieblingsrubrik? Welche Rubrik liegt Ihnen gar nicht?
Ich mag Geografie und auch Sprache(n). Ich reise gerne und beschäftige mich mit dem Weltgeschehen. Ich habe keine komplette Rubrik, die mir gar nicht liegt, aber gewisse Teilgebiete,

zum Beispiel Fußball im Bereich Sport oder Rap und Techno im Bereich Musik.

Wie »trainieren« Sie fürs Quizzen?

Man darf sich das nicht so vorstellen wie bei einem Sportler, der jeden Tag x Stunden trainiert. Vielmehr ist das Gehirn inzwischen so programmiert, dass es Quizfragen erkennt, wo immer sie sich anbieten. Ich merke mir also im Alltag – ob beim Lesen eines Buchs, beim Surfen im Internet oder einfach nur beim Einkaufen – all die Dinge, die sich potenziell für Quizfragen eignen, und speichere diese dann ab. Die Kunst besteht eigentlich nur darin, möglichst wenig zu vergessen.

Haben Sie einen Tipp, wie man behält, was man liest oder sieht?

Ja, grundsätzlich durch Querverbindungen. Wenn man viele Fakten isoliert lernt, bleiben sie nicht so gut hängen, wie wenn man ein Netz spinnt und Fakten miteinander verknüpft. Man wird immer wieder erstaunliche Verbindungen finden. Sie können zum Beispiel Napoleon mit der Erfindung der Margarine, der Entschlüsselung der Hieroglyphen, Beethovens dritter Sinfonie usw. in Verbindung bringen, und wenn Sie dann eine grobe Vorstellung von den Eckdaten haben, können Sie das auch historisch relativ leicht einordnen.

Was machen Sie, wenn Sie bei einer Frage auf dem Schlauch stehen?
Mich ärgern. Das ist natürlich der Worst Case in einem Quiz, das unter hohem Zeitdruck gespielt wird. Als Jäger muss man zudem abwägen, ob man lieber passt und einen Rücksetzer riskiert oder sich noch ein paar Sekunden Zeit zum Überlegen gönnt, in der Hoffnung, dass es einem doch noch einfällt. In unserem Spiel muss man auf jeden Fall lernen, solche Missgeschicke sofort wegzustecken und sich gleich auf die nächste Frage zu konzentrieren.

Was ist Ihr Lieblingsfakt?
Das sind alle Fakten, über die ich selbst erstaunt war, als ich zum ersten Mal davon erfuhr. Davon gibt es aber zu viele, um hier einen einzelnen herauszustellen.

Die Jagd

1.

Was ist das Besondere an den Medaillen der Paralympischen Spiele 2016?

A: sind viereckig

B: machen Geräusche

C: leuchten im Dunkeln

B: machen Geräusche

Wie können die drei Erstplatzierten eines Wettkampfs sicher sein, dass sie bei der Siegerehrung die richtige Medaille erhalten? Normalerweise gibt es keine gesonderte Aufschrift für Platz 1, 2 oder 3, und auch das Gewicht der Medaillen kann sehr nahe beieinanderliegen. Aber eins ist eindeutig: Unabhängig von den tatsächlich verarbeiteten Materialien glänzen sie in Gold, Silber oder Bronze. Leider können blinde oder stark sehbehinderte Athleten und Athletinnen diese Unterscheidung nicht vornehmen, weshalb die Organisatoren der Paralympischen Spiele 2016 in Rio de Janeiro eine besondere Idee hatten. Die Medaillen, die sie entwerfen ließen, haben im Inneren einen kleinen Hohlraum, der mit einer unterschiedlichen Anzahl an Stahlkügelchen gefüllt ist – 16 für Bronze, 20 für Silber und 28 für Gold. Das Geräusch beim Schütteln ist somit unterschiedlich laut, und die Medaillenfarbe kann »gehört« werden.

Aus ökologischen Überlegungen bestanden die Medaillen 2016 bis zu 30 Prozent aus recyceltem Material. Dieser Gedanke wurde bei den Spielen 2021 in Tokio wieder aufgenommen, wo die Medaillen teilweise aus recyceltem Elektroschrott hergestellt wurden. Der Designer der Medaillen für Tokio hatte eine andere Idee, wie die drei Medaillen von sehbehinderten Sportlern und Sportlerinnen erkannt werden konnten: Sie können jeweils am Rand der Medaille ein bis drei Vertiefungen ertasten.

2.

Was ist in Island seit dem März 1989 wieder erlaubt?

A: Bier trinken

B: Wal essen

C: nackt baden

A: Bier trinken

Was wieder erlaubt wurde, muss natürlich zuvor verboten gewesen sein. Und dies führt zu einer recht kuriosen Geschichte, die bereits gegen Ende des 19. Jahrhunderts begann. Wie in vielen anderen Ländern erstarkte damals auch in Island eine Abstinenzbewegung, und nach dem ersten Referendum der isländischen Geschichte trat am 1. Januar 1915 ein totales Alkoholverbot auf der Insel in Kraft. Ab 1922 war der Import von Wein wieder erlaubt, und zur staatlichen Kontrolle des Alkoholverkaufs wurde noch im selben Jahr das bis heute bestehende Monopolunternehmen Vínbúðin (das Weingeschäft) gegründet. 1934 schließlich wurde die Prohibition fast komplett aufgehoben, lediglich Bier mit einem Alkoholgehalt von mehr als 2,25 Prozent blieb weiterhin verboten. Als Begründung wurde angeführt, Bier sei billiger als hochprozentigere Spirituosen und führe daher zu mehr Sittenlosigkeit …

Mit steigenden Touristenzahlen kam auch immer mehr Alkohol auf die Insel, sodass in den 1980er-Jahren die Zeit für eine Veränderung reif war. Nach zehn erfolglosen Versuchen stimmte das Parlament für eine Aufhebung des Verkaufsverbots von starkem Bier zum 1. März 1989. Seitdem wird an jedem 1. März der bjórdagurinn (Tag des Bieres) gefeiert. Bier hat sich anschließend zum beliebtesten Alkoholgetränk des Landes entwickelt.

3.

Durch welches Gericht wurde der zum »Koch des Jahrhunderts« gekürte Joël Robuchon in den 1980er-Jahren berühmt?

A: Kartoffelsalat

B: Kartoffelpüree

C: Pommes rot-weiß

B: Kartoffelpüree

Die Restaurants von Koch und Gastronom Joël Robuchon erhielten 2016 insgesamt rekordträchtige 32 Michelin-Sterne; bereits 1976 wurde er als »Bester Handwerkskünstler Frankreichs« ausgezeichnet, und als einen von nur vier Köchen neben Paul Bocuse, Frédy Girardet und Eckart Witzigmann kürte ihn 1990 der Gault-Millau zum »Koch des Jahrhunderts«.

1982 servierte er in seinem Restaurant Jamin ein von Gourmets hochgelobtes Kartoffelpüree, das bald Eingang in beinahe jedes zweite Kochbuch fand. Zu den Besonderheiten seines Rezepts zählte die Auswahl der Kartoffeln: Während fast alle anderen Rezepte mehlige Knollen nennen, nutzt er festkochende Sorten wie La Ratte, Kipfler und Linda. Geradezu revolutionär war aber der zweite große Unterschied zu allen anderen Zubereitungsanleitungen: Robuchon mischte Kartoffeln und Butter im Verhältnis eins zu eins und machte sie somit zu gleichberechtigten Partnerinnen. Aus der bloßen Beilage wurde eine kalorienreiche, ernst zu nehmende Speise.

4.

»Grübel!« oder »Freu!« bezeichnet man im deutschen Sprachraum auch als …?

A: Anikativ

B: Erikativ

C: Monikativ

B: Erikativ

Ausdrücke wie »Grübel!«, »Freu!«, aber auch »Seufz!«, »Wackel!« oder »Quietsch!« sind infinite und unflektierte Verbformen, die man im Deutschen durch Weglassen der Infinitivendung -n oder -en bildet. Der Fachbegriff für die scherzhafte Bezeichnung Erikativ lautet Inflektiv. Bereits in Volksmärchen und Texten von Wilhelm Busch tauchen solche Konstruktionen auf, eine größere Bedeutung erhielten sie im Deutschen aber erst ab Mitte des 20. Jahrhunderts durch die Übersetzung von englischsprachigen Comics. Hier tat sich besonders die Übersetzerin Erika Fuchs hervor, die die Geschichten von Carl Barks rund um die Familie von Donald Duck ins Deutsche übertrug. Neben dem Einbau von versteckten Zitaten und literarischen Anspielungen machte sie auch häufig vom Inflektiv Gebrauch. Sie nutzte ihn zur visuellen Darstellung von nichtvisuellen Vorgängen wie z. B. Geräuschen (»Raschel!«, »Knatter!«, »Hup!«) oder psychischen bzw. nicht geräuschhaften Abläufen (»Grübel!«, »Schluck!«, »Schwärm!«). Ihr zu Ehren wird diese Nutzung des Inflektivs seither auch als »Erikativ« bezeichnet.

5.

Wer soll die Ulmer auf die Idee gebracht haben, die Baumstämme für den Bau ihres Münsters der Länge nach durchs Stadttor zu tragen?

A: Kind

B: Engel

C: Spatz

C: Spatz

Was sich nach einem Schildbürgerstreich anhört, soll sich laut einer Sage aus dem 19. Jahrhundert so zugetragen haben: Für den Bau des Münsters waren besonders lange Balken nötig, die durch das Stadttor in die Stadt transportiert werden mussten. Doch das schöne Stadttor war zu schmal für die Balken, und die Ulmer waren schon fast so weit, es abzureißen. Doch als sie einen Spatz beim Nestbau beobachteten, der mit einem Zweig, den er längs im Schnabel trug, durch eine Engstelle flog, ging ihnen ein Licht auf. Seit dieser Zeit ist der Spatz auch ein Wahrzeichen der Stadt und fungiert u. a. als Namensgeber für ein Laugengebäck und die Fußballer des SSV Ulm 1846, die im Volksmund »Die Spatzen« genannt werden – auch wenn der Ursprung der Geschichte wohl viel profaner war: Auf dem Dach des Ulmer Münsters befindet sich als Verweis auf die Geschichte der Arche Noah seit jeher die Skulptur einer Taube mit einem Ölzweig im Schnabel. Doch die Taube ist ein wenig klein geraten und wurde daher häufig für einen Spatz gehalten.

6.

Der IATA-Code wurde entwickelt zur eindeutigen Kennzeichnung von …?

A: Flughäfen

B: Büchern

C: Internetseiten

A: Flughäfen

Die International Air Transport Association (IATA) hat ihren Sitz im kanadischen Montreal. Ziel der Organisation ist es, Prozesse im internationalen Luftverkehr zu vereinfachen. Dazu werden spezielle Codes für die eindeutige Kennzeichnung und Identifizierbarkeit von Flughäfen, Fluggesellschaften und Flugzeugtypen vergeben. Ein IATA-Flughafencode besteht aus drei Buchstaben und wird daher manchmal auch als Three Letter Code bezeichnet.

Der Aufbau eines Codes folgt keinem starren Muster, orientiert sich aber oft am (meist englischsprachigen) Namen der Stadt, die der Flughafen bedient, z.B. steht FRA für den Flughafen Frankfurt/Main und CGN für den Flughafen Köln/Bonn. Auch ein markanter Eigenname eines großen Flughafens kann Berücksichtigung im IATA-Code finden. Beispiele dafür sind LHR für London Heathrow und CDG für den Flughafen Paris-Charles-de-Gaulle.

Um den Anreiseverkehr per Bahn organisatorisch mit dem Luftverkehr zu verzahnen, erhalten auch Bahnhöfe einen IATA-Code, wenn sie in unmittelbarer Nähe eines Flughafens liegen oder als Hauptbahnhof einer Stadt eine stark frequentierte Verbindung mit diesem haben. Auf Tickets, die das Angebot Rail&Fly der Deutschen Bahn nutzen, wird als IATA-Code für den Startbahnhof das Kürzel QYG angegeben. Dies steht kollektiv für einen beliebigen von mehr als 5600 Bahnhöfen in Deutschland.

7.

Wer brachte Nina Hagen das Gitarrespielen bei?

A: Wolf Biermann

B: Reinhard Mey

C: Konstantin Wecker

A: Wolf Biermann

Catharina »Nina« Hagen wurde 1955 in Ostberlin als Tochter der berühmten Schauspielerin Eva-Maria Hagen geboren, die noch unter Bertolt Brecht gearbeitet hatte. Nina Hagens künstlerische Anfänge verliefen holprig: An der Schauspielschule wurde sie als politisch unzuverlässig abgelehnt, da Wolf Biermann zu dieser Zeit der Lebensgefährte ihrer Mutter war. Der 1936 in Hamburg geborene deutsche Liedermacher und Lyriker war in die DDR übergesiedelt, kritisierte die SED und die DDR jedoch bald scharf. Von ihm lernte Nina Hagen das Gitarrespielen und schloss eine einjährige Ausbildung als staatlich geprüfte Schlagersängerin ab. Nach einer Solidaritätsbekundung für den 1976 ausgebürgerten Biermann geriet Nina Hagen in der DDR ebenfalls ins Abseits und emigrierte noch im selben Jahr in den Westen. Hier nahm ihre auch international beachtete Musikkarriere Fahrt auf, die sie bis in die USA und zu einem Auftritt vor rund 300 000 Zuschauern bei »Rock in Rio« führte. Außerhalb von Tonstudios und Konzertveranstaltungen äußerte sie sich stets streitbar zu gesellschaftlichen Themen und sorgte durch ihre exzentrischen Auftritte in Talkshows immer wieder für Aufsehen.

Ihre Bedeutung für die deutsche Musikszene lässt sich am oft genutzten Beinamen als deutsche »Godmother of Punk« ermessen.

8.

Hat ein gleichseitiges Sechseck den gleichen Umfang wie ein Quadrat, dann ist sein Flächeninhalt …?

A: größer

B: kleiner

C: genauso groß

A: größer

Hier hilft die sogenannte isoperimetrische Ungleichung weiter. Die *was*? Die Ungleichung beschäftigt sich mit Flächen in der Ebene, die den gleichen Umfang haben, und besagt, dass von allen diesen Flächen der Kreis diejenige mit dem größten Flächeninhalt ist. Oder anders ausgedrückt: Je weiter sich eine Fläche dem Ideal des Kreises annähert, desto größer ist bei gleichem Umfang ihr Flächeninhalt.

Jetzt ist noch zu klären, ob Flächen mit mehr oder weniger Seiten als »kreisähnlicher« angesehen werden können. Hierzu hilft die Vorstellung eines gleichmäßigen Vielecks mit einer extrem hohen Seitenzahl. Ein gleichmäßiges 1000-Eck dürfte aus der Ferne mit den Augen kaum noch von einem Kreis unterschieden werden können. Somit ist auch das gleichseitige Sechseck näher am Ideal des Kreises als das Quadrat und hat bei gleichem Umfang einen größeren Flächeninhalt.

Eine – an die Geografie angepasste – Anwendung dieser Ungleichung findet sich in der Gründungssage der Stadt Karthago. Der phönizischen Prinzessin Dido wurde dafür so viel Land versprochen, wie sie mit einer Kuhhaut umspannen könne. Sie schnitt die Haut in dünne Streifen und fertigte daraus ein Band, welches das zukünftige Stadtgebiet markieren konnte. Grundsätzlich wäre jetzt ein Kreis die größtmögliche Fläche gewesen, aber es musste die gerade Küstenlinie des möglichen Gebietes mitberücksichtigt werden.

9.

Botanisch gesehen handelt es sich bei einer Yucca um eine …?

A: Agave

B: Palme

C: Orchidee

A: Agave

Vielleicht denkt man bei dem Begriff Yucca sofort an das Buch »Die Spinne in der Yucca-Palme«, eine Sammlung moderner Urban Legends. Aber gelegentlich widersprechen sich Trivialnamen und offizielle Bezeichnungen – in diesem Fall »Palme« – in der biologischen Systematik. In unserem Sprachgebrauch wird die Gattung der Yuccas bzw. Palmlilien oft als Yucca-Palmen bezeichnet, da ihr Blattschopf an den Sprossenden eine Ähnlichkeit zu uns bekannten echten Palmen aufweist. Dabei gehören die Pflanzen nicht zur botanischen Familie der Palmengewächse, vielmehr sind es Agavengewächse aus der Ordnung der spargelartigen Pflanzen. Sie kommen im nördlichen Südamerika sowie in Mittel- und Nordamerika vor, außerdem in Teilen Asiens, im nördlichen Australien, in Neuseeland und auf karibischen Inseln und sind aufgrund ihres großen Verbreitungsgebietes an unterschiedliche Umweltbedingungen angepasst. Einige winterharte Arten werden in sogenannten Schutz- und Sichtungssammlungen auch in Botanischen Gärten in Deutschland kultiviert.

Aber auch die Bezeichnung als Yucca beruht auf einem Missverständnis. In ersten Beschreibungen wurden einige Arten mit Maniok verwechselt, weshalb der Naturforscher Carl von Linné der Gattung den Namen gab, unter dem einige indigene Völker Mittelamerikas den Maniok kennen: Yuca.

10.

Wahre Fans wissen:
Der Mädchenname von
Sängerin Adele lautet …?

A: Adkins

B: Fenty

C: Germanotta

A: Adkins

Mit ihren vier Alben »19«, »21«, »25« und »30«, deren Titel auf ihr Lebensalter während der Entstehung hinweisen, avancierte die englische Sängerin Adele zu einem der Superstars des 21. Jahrhunderts. Bereits im Alter von 25 Jahren wurde sie von Königin Elisabeth II. mit dem britischen Verdienstorden ausgezeichnet und darf sich seitdem »Member of the Order of the British Empire« nennen. Geboren wurde sie 1988 als Adele Laurie Blue Adkins im Norden Londons.

Auch hinter den Namen Fenty und Germanotta verbergen sich zwei Größen des Musikgeschäfts: Sängerin Rihanna heißt eigentlich Robyn Rihanna Fenty und ist neben ihrer künstlerischen Karriere auch als Geschäftsfrau erfolgreich. Mithilfe des Kosmetikunternehmens »Fenty Beauty« sowie der Modelinien »Savage X Fenty« und »Fenty« wurde sie zur ersten Musikerin, die das *Forbes*-Magazin in seiner jährlichen Liste als Milliardärin führt.

Die als Stefani Joanne Angelina Germanotta geborene Sängerin wurde am Anfang ihrer Karriere von einem Song der Gruppe Queen inspiriert; angelehnt an deren Hit »Radio Ga Ga« entstand ihr Künstlername Lady Gaga.

11.

Wer flog an der Seite von Sigmund Jähn mit dem Raumschiff Sojus 31 zur sowjetischen Orbitalstation Saljut 6?

A: Boris Spasski

B: Michail Botwinnik

C: Waleri Bykowski

C: Waleri Bykowski

Sigmund Jähn war im Jahr 1978 als erster Deutscher im All. Doch an seinen Partner, den Russen Waleri Bykowski, erinnert sich wahrscheinlich kaum jemand. Bei der Beantwortung der Frage konnte daher vielleicht das Ausschlussprinzip helfen – bei Boris Spasski und Michail Botwinnik handelt es sich um Schachweltmeister aus der Sowjetunion. Der bekanntere von beiden dürfte Spasski sein, dessen Duell mit dem US-Amerikaner Bobby Fischer 1972 in Reykjavík auch über die Schachwelt hinaus für Aufsehen sorgte. Michail Botwinnik war zwischen 1948 und 1963 mit Unterbrechungen Weltmeister und ist bis heute der einzige Schachspieler, der den Titel nach Wettkampfniederlagen zweimal in Revanchekämpfen zurückgewinnen konnte.

Aber kommen wir noch einmal zurück zu Waleri Bykowski. Der »Kommandant«, wie er von Sigmund Jähn genannt wurde, wurde 1934 in der Nähe von Moskau geboren und flog insgesamt dreimal ins All. Er war nicht nur der Begleiter des ersten Deutschen im All, sondern absolvierte zusammen mit Walentina Tereschkowa, der ersten Frau im Weltall, 1963 den ersten Gruppenflug, als sich ihre beiden Raumkapseln Wostok 5 und Wostok 6 während der Mission bis auf fünf Kilometer näherten. Danach begann die Ära der mehrsitzigen Raumfahrt-Missionen. Waleri Bykowski starb am 27. März 2019.

12.

Welche Geistesgrößen waren Zeitgenossen?

A: Hubble und Einstein

B: Voltaire und Galilei

C: Kepler und Newton

A: Hubble und Einstein

Alle sechs Genannten haben in ihren Fachgebieten bahnbrechende Entdeckungen gemacht und wichtige Entwicklungen angestoßen. Aber bei welchem der Duos hätte einer die Erfolge des anderen miterleben können?

Der französische Philosoph Voltaire (bürgerlich: François-Marie Arouet) lebte von 1694 bis 1778 und war als Vordenker der Aufklärung mit seinen Schriften ein wichtiger Wegbereiter der Französischen Revolution ab 1789. Deshalb konnte er aber den Universalgelehrten Galileo Galilei nicht mehr kennenlernen, der bereits 1564 geboren wurde und 1641 oder 1642 starb. Galilei ist vor allem für seine Erkenntnisse zum Sonnensystem bekannt, die der damaligen Weltsicht der Kirche widersprachen.

Zeitgenosse von Galilei war der Astronom Johannes Kepler (1571–1630), der mit seinen mathematischen Überlegungen viele der Entdeckungen des Italieners bestätigen konnte. Er war jedoch bereits verstorben, als Isaac Newton 1643 auf die Welt kam, der vor allem durch die Entdeckung der Gravitationsgesetze auch noch heute in aller Munde ist. Newton starb 1727.

Der Physiker Albert Einstein, den das *Time*-Magazin 1999 zur »Person of the Century« kürte, lebte von 1879 bis 1955 und war damit Zeitgenosse des Astronomen Edwin Hubble (1889–1953), dem Namensgeber des 1990 ins All geschossenen Hubble-Weltraumteleskops.

13.

Wo fand im November 1895 durch die Brüder Skladanowsky die erste Filmvorführung Europas statt?

A: London

B: Moskau

C: Berlin

C: Berlin

Als Pioniere bei der Entwicklung der Filmvorführung gelten gemeinhin die französischen Brüder Lumière. Mit ihrem Kinematografen zeigten sie bereits im März 1895 einem ausgewählten Publikum eine Fassung des Films »Arbeiter verlassen die Lumière-Werke«. Am 28. Dezember 1895 folgte die erste öffentliche Aufführung des Werkes in Paris.

Die Brüder Max und Emil Skladanowsky kamen ihnen jedoch zuvor. Bereits am 1. November 1895 zeigten sie im Berliner Varieté Wintergarten mit ihrem Bioskop einem zahlenden Publikum ein 15-minütiges Filmprogramm. Darunter befanden sich Streifen mit den Titeln »Das boxende Känguruh«, »Italienischer Bauerntanz« und »Akrobatisches Potpourri«. Das Publikum war von dieser als »interessanteste Erfindung der Neuzeit« angekündigten Innovation begeistert und sorgte in den folgenden vier Wochen für tägliche ausverkaufte Vorstellungen vor 1500 Zuschauern.

Nachdem die Skladanowsky-Brüder das technisch überlegene System der Lumières kennengelernt hatten, verbesserten sie ihre Erfindung. Mangelnder wirtschaftlicher Erfolg führte jedoch dazu, dass die Brüder bald aus dem »Kino-Geschäft« aussteigen mussten. 1897 fand in Stettin die letzte Vorführung mit einem Bioskop statt.

14.

Die höchste Konzentration an Duftstoffen hat Eau de …?

A: Toilette

B: Cologne

C: Parfum

C: Parfum

Flüssige Gemische aus Alkohol und Riechstoffen, die der Erzeugung angenehmer Gerüche dienen sollen, werden allgemein als Parfum bezeichnet. Der Begriff geht auf die lateinische Vokabel »fumare« zurück, die »rauchen«, »dampfen« oder »qualmen« bedeutet, und weist somit darauf hin, dass schon früher Räucherstäbchen zur Dufterzeugung verwendet wurden.

Die Konzentration von Duftstoffen innerhalb eines Gemischs ordnet ein Duftwasser einer bestimmten Verdünnungsklasse zu. Dabei ist aber zu berücksichtigen, dass unterschiedliche Beschreibungen unterschiedliche Grenzen zwischen den einzelnen Klassen ziehen. Eindeutig ist nur die Reihenfolge der Verdünnungsklassen: Düfte mit dem geringsten Anteil an Duftstoffen werden Eau de Solide (EdS) genannt, dann folgen in aufsteigender Reihenfolge Eau de Cologne (EdC), Eau de Toilette (EdT), Eau de Parfum (EdP) und Extrait Parfum bzw. Extrait de Parfum. Bei einem Eau de Parfum liegt der Duftstoffanteil in der Regel zwischen 10 und 15 Prozent, bei einem Eau de Toilette nur im einstelligen Bereich. Dies wirkt sich auch auf den Preis aus – ein echtes EdP ist wesentlich teurer als ein EdT.

15.

Was wurde zuletzt eingeführt?

A: Gelber Sack

B: Grüner Knopf

C: Blauer Engel

B: Grüner Knopf

Alle drei »farbigen« Projekte wurden eingeführt, um nachhaltiges Verhalten im Wirtschaftskreislauf zu unterstützen bzw. zu fördern.

Bereits 1978 entstand in Deutschland auf Initiative des damaligen Bundesinnenministers Werner Maihofer der »Blaue Engel«, der seitdem als Umweltzeichen für besonders umweltschonende Produkte und Dienstleistungen verliehen wird. Inzwischen ist Träger dieses Zeichens natürlich das 1986 gegründete Bundesumweltministerium.

Ab 1991 wurden Haushalte in Deutschland und Österreich angehalten, bestimmte Verpackungsmaterialien für die Entsorgung im Gelben Sack oder in der Gelben Tonne zu sammeln. Der erwartete Mülltrennungseffekt tritt nicht immer ein, sodass diese Maßnahme stets kritisch diskutiert wird.

Das Textilsiegel »Grüner Knopf« schließlich existiert erst seit 2019 und wurde vom Bundesministerium für wirtschaftliche Zusammenarbeit und Entwicklung gemeinsam mit der Deutschen Gesellschaft für Internationale Zusammenarbeit entwickelt. Ziel ist es, ökologische und soziale Standards für in den Wirtschaftskreislauf gebrachte Textilwaren zu etablieren. Ein Auslöser für die Entstehung des Labels war der Einsturz einer Textilfabrik in Bangladesch im Jahr 2013 mit über 1000 Todesopfern. Derartige Ereignisse sollen durch Einhaltung der vorgegebenen Standards zukünftig verhindert werden.

16.

Als was kann man die gebürtige Kölnerin Jutta Kleinschmidt getrost bezeichnen?

A: Eisprinzessin

B: Wüstenkönigin

C: Bergkaiserin

B: Wüstenkönigin

Jutta Kleinschmidt ist studierte Physikerin und gehört zu den weltweit erfolgreichsten Frauen im Motorsport. 1987 nahm sie mit einem Motorrad in Ägypten an ihrem ersten sogenannten »Rallye Raid« teil, einer Langstreckenrallye, die nicht auf Straßen und befestigten Pisten, sondern im Gelände (offroad) ausgetragen wird. In den Folgejahren wechselte sie auf das Auto und stieg in diesem Rennformat immer weiter in die Weltspitze auf. 1997 konnte sie als erste Frau einen Etappensieg bei der Rallye Dakar feiern, zwei Jahre später erreichte sie als Gesamtdritte erstmals das Treppchen bei diesem prestigeträchtigen Wettbewerb. Ihre Karriere krönen konnte Kleinschmidt 2001, als sie als bislang immer noch einzige Frau eine der drei Gesamtwertungen der Rallye Dakar gewann. Ihr Sieg in der Automobilwertung ist bis heute auch der erst zweite deutsche Sieg in einer Dakar-Gesamtwertung – nach dem Sieg in der Truckwertung durch ein Team um Karl-Friedrich Capito im Jahr 1985.

Wegen ihrer Siege in diesem Terrain erhielt Jutta Kleinschmidt den Beinamen »Wüstenkönigin«. Dies ist auch der Titel eines Hörbuchs aus der Reihe »Berufsrisiken«, welches sich ihrer Karriere widmet.

17.

Wie viele Kilometer pro Sekunde beträgt die Lichtgeschwindigkeit?

A: ca. 50 000

B: knapp 300 000

C: gut 2 000 000

B: knapp 300 000

Mit Lichtgeschwindigkeit wird meist die Ausbreitungsgeschwindigkeit von Licht im Vakuum bezeichnet. Auch alle anderen elektromagnetischen Wellen wie z. B. Radiowellen oder Röntgenstrahlen breiten sich mit ebendieser Naturkonstante aus. Das Formelzeichen für die Lichtgeschwindigkeit ist »c«, was sich vom lateinischen »celeritas« (= Schnelligkeit) ableitet.

Lange war ungeklärt, ob die Lichtgeschwindigkeit überhaupt einen endlichen Wert besitzt. Der antike Universalgelehrte Aristoteles und der deutsche Astronom Johannes Kepler (1571–1630) hielten sie für unendlich, während andere Geistesgrößen ihrer jeweiligen Epochen (Empedokles, Galileo Galilei) in ihr eine endliche Größe sahen. Der Däne Ole Rømer und der Niederländer Christiaan Huygens lieferten in der zweiten Hälfte des 17. Jahrhunderts durch ihre Überlegungen erstmals einen konkreten Wert – sie bestimmten die Lichtgeschwindigkeit auf ca. 213 000 km/s. Durch bessere technische Möglichkeiten und Verfeinerung von Messmethoden wurde die Bestimmung der Konstante immer genauer. Bereits Heinrich Hertz lieferte im Jahr 1888 den Wert von 300 000 km/s, und 1983 schließlich wurde im internationalen Einheitensystem der heute gültige Wert von 299 792,458 km/s festgelegt. Dies bedeutet, dass ein Lichtstrahl von der Sonne zur ca. 150 Millionen Kilometer entfernten Erde etwas mehr als acht Minuten benötigt und wir die Sonne am Himmel immer so erblicken, wie sie vor ca. acht Minuten war.

18.

Was hat aus Sicherheitsgründen eine Sockelbürste?

A: Schubkarre

B: Wasserrutsche

C: Rolltreppe

C: Rolltreppe

Im Alltag begegnen wir oft Dingen, die wir zwar wahrnehmen, aber deren Name oder deren eigentlicher Zweck uns kaum bekannt sind. Ein Beispiel dafür sind die Bürsten, die an den Seiten einer Rolltreppe – oder Fahrtreppe, wie das Beförderungsmittel in der Fachsprache heißt – von der starren Fassung in die Trittfläche ragen. Viele haben bestimmt schon einmal während der Fahrt ihre Schuhe an diese Bürsten gehalten und sie zum Schuhputzen genutzt. Doch dafür sind diese sogenannten Sockelbürsten nicht vorgesehen. Vielmehr wird durch sie verhindert, dass Fahrtreppenbenutzerinnen und -benutzer zu nah am Sockel stehen und sich Risiken aussetzen. Ohne Bürsten könnten Gummisohlen von Schuhen durch starke Reibung am Rand warm und weich werden, außerdem besteht die Möglichkeit, dass Schnürsenkel in den minimalen Spalt zwischen Treppe und starrem Rand eingezogen werden. Vor allem dieses hatte in früheren Jahren oft zu Unfällen geführt, weshalb Sockelbürsten inzwischen bei Rolltreppen in Europa gesetzlich vorgeschrieben sind.

19.

»Griechischer Wein« von Udo Jürgens ist ein Lied des Jahres 1974 über …?

A: Weinbauern

B: Gastarbeiter

C: Touristen

B: Gastarbeiter

»Es war schon dunkel,
als ich durch Vorstadtstraßen heimwärts ging.
Da war ein Wirtshaus,
aus dem das Licht noch auf den Gehsteig schien.
Ich hatte Zeit und mir war kalt, drum trat ich ein ...«

Bereits diese ersten Zeilen des von Ralph Siegel produzierten Nummer-1-Hits führen zur Lösung. Die aufgebaute Atmosphäre lässt schwerlich an Weinberge oder den Strand im sonnigen Griechenland denken. Nach dem Betreten des Wirtshauses trifft das Song-Ich auf griechische Gastarbeiter und erzählt von ihrer Gefühlswelt im Deutschland der 1970er-Jahre. Die Sehnsucht nach dem Leben in der Heimat spielt darin eine zentrale Rolle.

Die Melodie hatte Jürgens tatsächlich nach einem Urlaub in Griechenland geschrieben, wartete aber lange auf einen passenden Text. Klischeebehaftete Vorschläge mit seichten Liebesgeschichten wie z. B. »Sonja wach auf« lehnte er ab. Nach dem großen Erfolg des Songs entstanden viele Coverversionen, teils als Parodie oder Persiflage gestaltet. Der legendäre Bing Crosby adelte das Lied und sang 1976 eine englischsprachige Version mit dem Titel »Come Share The Wine«.

20.

In welchem Mittelgebirge spielen die Krimis der Autorin Nele Neuhaus?

A: Spessart

B: Taunus

C: Eifel

B: Taunus

Sie sind inzwischen aus den Bücherregalen nicht mehr wegzudenken: Krimis, die in einem deutschen Mittelgebirge oder einer anderen landschaftlich reizvollen Region spielen und dabei auch die Besonderheiten der jeweiligen Gegend und ihrer Bevölkerung beleuchten.

Eine im Spessart angesiedelte Reihe startete Schriftsteller Günter Huth 2013. Der erste Titel rund um Staatsanwalt Simon Kerner war bereits richtungsweisend, das Buch heißt »Blutiger Spessart«.

Eifel-Krimis wurden zur Erfolgsgeschichte von Jacques Berndorf. Der Held seiner Romanreihe, Siggi Baumeister, wohnt in derselben Straße in der Eifel-Gemeinde Dreis-Brück wie der Autor.

Nele Neuhaus schließlich hat seit 2006 bereits zehn Kriminalromane mit dem Ermittlerduo Oliver von Bodenstein und Pia Kirchhoff veröffentlicht. Die Fälle spielen in der Taunus-Region, in die Neuhaus im Alter von elf Jahren mit ihrer Familie zog, als ihr Vater Landrat des Main-Taunus-Kreises wurde. Das ZDF hat die ersten neun Romane in der Reihe »Der Taunuskrimi« verfilmt.

21.

Mit welchem Akronym kann man sich die Hauptkategorien der Botanik und Zoologie merken?

A: SKOFGA

B: HALLMA

C: KUKMAH

A: SKOFGA

In der Erklärung starten wir hier mal mit einer weiteren Frage: Zu welchen Tieren gehören die in Mitteleuropa heimischen Eichhörnchen?

Nun, zu dieser Fragestellung gibt es mehrere mögliche Antworten. »Nagetiere« und »Säugetiere« werden wahrscheinlich am häufigsten genannt, und Zoologen werden schnell anmerken, dass auch »Wirbeltiere« oder »Hörnchen« als Antwort zählen müsste. Eindeutig wird die Frage, wenn die passende zoologische Hauptkategorie angegeben wird. Für die Art der bei uns anzutreffenden Eurasischen Eichhörnchen gilt die folgende Zuordnung: Gattung Eichhörnchen – Familie Hörnchen – Ordnung Nagetiere – Klasse Säugetiere – Unterstamm Wirbeltiere – Stamm Chordatiere – Reich Tiere.

Mit dem Akronym SKOFGA ist die Reihenfolge der wichtigsten Kategorien »von oben nach unten« – Stamm – Klasse – Ordnung – Familie – Gattung – Art – schnell parat. Wer sich mit diesem Buchstabensalat etwas schwertut, kann auf eine andere Eselsbrücke für einen Großteil der Reihenfolge zurückgreifen: »Klasse Ordnung herrscht in der Familie, wenn der Gatte artig ist.«

22.

Was schmeckt aromatisch, knackig und saftig?

A: Kilimandscharo

B: Cotopaxi

C: Fuji

C: Fuji

Alle drei Namen sind auf einer topografischen Weltkarte zu finden. Das Kilimandscharo-Massiv ist das höchste Bergmassiv Afrikas, der Cotopaxi der zweithöchste Berg in Ecuador und der Vulkan Fuji der höchste und wahrscheinlich auch bekannteste Gipfel Japans.

Fuji ist aber auch die Bezeichnung einer Apfelsorte, die 1939 erstmals in der japanischen Stadt Fujisaki gezüchtet wurde. Es handelt sich dabei um eine Kreuzung aus den Sorten Ralls Janet und Red Delicious. Seit seiner Markteinführung im Jahr 1962 wurde der Fuji inzwischen zum weltweit am häufigsten angebauten Apfel. Dies liegt vor allem daran, dass der Weltmarktführer China zu über 70 Prozent diese Sorte anpflanzt. Wegen der benötigten Wärme wachsen Fuji-Äpfel in Deutschland nur in einigen Südhanglagen mit langer Sonneneinstrahlung.

Zum weltweiten Erfolg des Fuji-Apfels haben wahrscheinlich sein sehr süßer Geschmack und die knackige und saftige Konsistenz beigetragen.

23.

Welcher Planet ist fast so groß wie die Erde und um etwa ein Fünftel leichter?

A: Mars

B: Merkur

C: Venus

C: Venus

Quizfragen über die acht Planeten unseres Sonnensystems tauchen in schöner Regelmäßigkeit auf. Der Merksatz »Mein Vater Erklärt Mir Jeden Sonntag Unseren Nachthimmel« hilft bei der Aufzählung der Planeten nach ihrem Abstand zu Sonne. Von nah nach fern sind dies Merkur, Venus, Erde, Mars, Jupiter, Saturn, Uranus und Neptun. Große Unterschiede hinsichtlich einiger physikalischer Eigenschaften gibt es dabei zwischen den vier erstgenannten und den vier anderen Planeten. Die vier äußeren Planeten unseres Sonnensystems sind sogenannte Gasplaneten. Sie besitzen keine feste Oberfläche und alle ein mehr oder weniger stark ausgeprägtes Ringsystem – jene Konzentration aus winzig kleinen bis großen Partikeln, die einen Planeten umkreisen. Sie werden nach ihrem größten Vertreter auch »jupiterähnliche« bzw. »jovianische« Planeten genannt und sind erheblich größer und schwerer als die Erde. Die vier näher zur Sonne befindlichen, inneren Gesteinsplaneten heißen auch »erdähnliche« bzw. »terrestrische« Planeten. Während Merkur und Mars aber nur etwa fünf Prozent bzw. zehn Prozent der Erdmasse besitzen, kommt die Venus unserem Planeten bei allen Größenparamatern am nächsten und gilt daher auch als Zwillingsplanet der Erde.

24.

Wodurch wird Dorfrichter Adam in Heinrich von Kleists »Der zerbrochne Krug« unter anderem überführt?

A: Hängeauge

B: Klumpfuß

C: Hexenschuss

B: Klumpfuß

Das Lustspiel »Der zerbrochne Krug« gehört zu den sehr häufig aufgeführten Theaterklassikern Deutschlands und ist eine weitverbreitete Schullektüre. Dieser Erfolg war jedoch anfangs nicht abzusehen. Die Uraufführung am Weimarer Hoftheater 1808 unter der Leitung von niemand anderem als Johann Wolfgang von Goethe fiel bei Zuschauern und Kritikern gleichermaßen durch. Deren Urteile weisen darauf hin, dass das Stück zunächst als derbes Bauerntheater missverstanden wurde. Erst mit der Zeit erschloss sich das Publikum den Witz und tieferen Sinn der sozialkritischen Tragikomödie.

Knapp zusammengefasst geht die Handlung so: Dorfrichter Adam muss über eine Tat – das Zerbrechen eines Kruges – verhandeln und richten, die er selbst begangen hat.

Die Eigentümerin des zerstörten Kruges bezichtigt den Verlobten ihrer Tochter Eve der Tat; dieser weist die Schuld jedoch von sich und behauptet, der Täter sei ein fremder Dritter gewesen. Nach einigen Täuschungen kommt schließlich die Wahrheit ans Licht. Dorfrichter Adam zerbrach den Krug selbst, als er vor dem eifersüchtigen Verlobten flüchten musste, nachdem er Eve in erpresserischer Absicht bedrängt hatte. Eines der Indizien, welche ihn überführen, ist eine ungewöhnliche Fußspur im Schnee, die der Flüchtende hinterlassen hat. Zunächst wird diese als Spur des Teufels interpretiert, ist aber ganz natürlich mit Adams Klumpfuß zu erklären.

25.

Was war im Mittelalter ein Florin?

A: Kupfermünze

B: Silbertaler

C: Goldgulden

C: Goldgulden

Wie viele andere Begriffe aus dem Bankwesen hat auch der Florin seinen Ursprung im mittelalterlichen Italien. Mitte des 13. Jahrhunderts begann in Florenz die Produktion einer Münze aus ca. 3,54 Gramm Feingold. Dieser Goldgulden der Stadt Florenz konnte auch außerhalb der Toskana genutzt werden und trug den Namen »Florentiner« bzw. im Französischen Florin. Durch die Verbreitung der Münze wurde diese Bezeichnung auch in anderen Gegenden bekannt und oft als Name für Goldmünzen aller Art übernommen. Heute lässt sich z.B. der Name Forint für die ungarische Währung davon ableiten, wohingegen sich im Westen und im Süden des Heiligen Römischen Reiches für ähnliche Goldmünzen früh der Begriff Gulden durchsetzte (gekürzt von mittelhochdeutsch guldin pfenninc). Beide Bezeichnungen waren noch bis zur Einführung des Euro in den Niederlanden zu finden. Dort galt nämlich der Niederländische Gulden, der auch als Florijn – also Florin – bezeichnet wurde, als offizielles Zahlungsmittel, der nach ISO-Norm mit »NLG« abgekürzt wurde, aber oft auch die Bezeichnung »hfl« trug.

26.

Was bedeutet »Atman« im Hinduismus?

A: Körper

B: Seele

C: Hirn

B: Seele

Der Hinduismus ist mit rund einer Milliarde Anhängern nach dem Christentum und dem Islam die drittgrößte Weltreligion. Über 90 Prozent aller Hindus leben in Indien, wo diese Religion prägend für die unterschiedlichen Lebensbereiche ist. Ein zentraler Begriff in der indischen Philosophie ist »Atman«; er bedeutete ursprünglich Lebenshauch bzw. Atem und bezeichnet das (absolute) Selbst, die unzerstörbare, ewige Essenz des Geistes. Dementsprechend wird als passende Übersetzung für den Begriff oft »Seele« genutzt.

Ausgesprochen hat das Wort jeder schon einmal, der den uns bekannten Namen von Mohandas Karamchand Gandhi genannt hat, nämlich Mahatma Gandhi. Mit dem Ehrennamen Mahatma (= große Seele) wurde er 1915 bei seiner Ankunft aus Südafrika vom indischen Literaturnobelpreisträger Rabindranath Tagore begrüßt. Gandhi tat sich lange Zeit mit diesem Namen schwer, da er keinen Kult um seine Person entstehen lassen wollte. Erst am Ende seines Lebens akzeptierte er den Ehrennamen und verstand es als seine Aufgabe, ihm gerecht zu werden.

27.

Welcher Regisseur verwendete in den 1980er-Jahren mehrfach Städtenamen in seinen Filmtiteln?

A: Wim Wenders

B: Volker Schlöndorff

C: Werner Herzog

A: Wim Wenders

Die drei Regisseure zählen zu den auch international bedeutendsten deutschen Filmemachern und wurden für ihre Werke mit zahlreichen Preisen ausgezeichnet.

1984 wurde »Paris, Texas« von Wim Wenders veröffentlicht. Das Roadmovie erzählt die Geschichte des von Harry Dean Stanton verkörperten Travis. Der Filmtitel bezieht sich dabei auf die im Norden des US-Bundesstaates Texas gelegene Stadt Paris, in der jedoch weder die Handlung des Films spielt noch eine seiner Szenen gedreht wurde. Wenders' Fantasy-Drama »Der Himmel über Berlin« von 1987 begleitet Bruno Ganz und Otto Sander als zwei Engel durch Westberlin. Am Drehbuch des Films war unter anderem der spätere Literaturnobelpreisträger Peter Handke beteiligt. Dazwischen entstand der Film »Tokyo-Ga« (1985), schließlich führte Wenders in »Lisbon Story« von 1994 das Stadt-Thema im Filmtitel weiter.

28.

Welches Bier ist untergärig?

A: Alt

B: Pils

C: Kölsch

B: Pils

Ob untergärige oder obergärige Hefe zum Brauen eines Bieres genutzt wird, ist durch einen Blick auf das Gärgefäß beim Herstellungsprozess gut zu erkennen. Obergärige Hefe bildet Zellverbände, in denen sich Gärungsgase ansammeln, sodass die Hefe auf der Oberfläche des Jungbiers schwimmt; dagegen sinkt untergärige Hefe nach dem Brauen auf den Boden des Gärgefäßes. Ein anderer Unterschied zwischen den beiden Hefearten ist ihre »Wohlfühltemperatur«: Obergärige Hefen verrichten ihre Arbeit – die Umwandlung von Zucker in Alkohol – am liebsten bei einer moderaten bis warmen Umgebungstemperatur von 15 bis 20 Grad Celsius. Dagegen benötigen untergärige Hefen eine eher kühle Umgebungstemperatur von 4 bis 9 Grad Celsius, um optimal arbeiten zu können.

Auch wenn sonst Welten zwischen beiden Getränken liegen, dürfen sie hier in einem Atemzug genannt werden: Bei der Herstellung von Alt und Kölsch werden obergärige Hefestämme genutzt. Pils ist das gesuchte untergärige Bier.

29.

Welcher Künstler erblindete im Alter und musste daher die Malerei aufgeben?

A: Edgar Degas

B: Pablo Picasso

C: Vincent van Gogh

A: Edgar Degas

Hier kann der Blick auf die wichtigsten biografischen Details der drei bedeutenden Künstler helfen:

Vincent van Gogh gilt als einer der Begründer der modernen Malerei. Während sein Hauptwerk Aspekte von Realismus, Naturalismus und Impressionismus aufgriff, übte er starken Einfluss auf die nachfolgende Generation der Expressionisten aus. Bereits mit 37 Jahren verstarb er 1890 in der Nähe von Paris. Die Todesursache ist nicht abschließend geklärt worden, aber mit hoher Wahrscheinlichkeit beging er Suizid. Zwar schnitt sich van Gogh bekanntermaßen selbst ein Ohr ab, seine Augen funktionierten aber einwandfrei.

Pablo Picasso schuf in seiner einzigartigen Karriere geschätzte 50 000 Kunstwerke, darunter das Gemälde »Guernica« und die weiße Taube, die nach dem Pariser Weltfriedenskongress 1949 zum internationalen Friedenssymbol wurde. Er verstarb 1973 im hohen Alter von 91 Jahren, jedoch ist über eine Beeinträchtigung seiner Augen ebenfalls nichts bekannt.

Edgar Degas' Gemälde werden meist dem Impressionismus zugerechnet, unterscheiden sich jedoch von dieser Stilrichtung durch ihre exakte Linienführung und eine klar strukturierte Bildkomposition. Seine letzten Pastelle und Zeichnungen gestaltete er bei bereits nachlassender Sehkraft gegen 1908. Schließlich wurde er von einer Nichte betreut, in deren Obhut er 1917 fast vollständig erblindet im Alter von 83 Jahren verstarb.

30.

Was bedeutet das »J« in der für Bildkompressionsverfahren benutzten Abkürzung »JPEG«?

A: Jingle

B: Jack

C: Joint

C: Joint

Wer Bilder auf dem Rechner abspeichert, ist dabei sicherlich schon einmal mit der Dateinamenserweiterung .jpg in Berührung gekommen. In diesem Fall wird das Grafikformat JPEG File Interchange Format bzw. JFIF genutzt, welches 1991 entwickelt wurde und inzwischen auch das am weitesten verbreitete Grafikformat für Fotos im World Wide Web ist. Genutzt werden dabei Bildkompressionsverfahren, die in der sogenannten JPEG-Norm von einem Gremium beschrieben wurden, das ebenfalls die kryptische Abkürzung JPEG trägt. Dabei handelt es sich um ein gemeinsames Komitee der Internationalen Organisation für Normung und der Internationalen Fernmeldeunion. Diese gründeten das Gremium 1983 und entsenden dorthin Experten, die sich gemeinsam über technische Richtlinien für Fotografien austauschen. Daher stammt auch der ausgeschriebene Name Joint Photographic Experts Group oder eben kurz JPEG.

Eine ähnliche Abkürzung ist zu entdecken, wenn man hinter das Audioformat MP3 schaut. Dieses heißt eigentlich MPEG-1 Audio Layer III bzw. MPEG-2 Audio Layer III, wobei MPEG für Moving Picture Experts Group steht.

31.

Wo haben etwa 10 Prozent aller Menschen einen Darwinhöcker?

A: Ohrmuschel

B: Halswirbelsäule

C: Handrücken

A: Ohrmuschel

Charles Darwin ist vermutlich den meisten als Begründer der Evolutionstheorie ein Begriff – und auch der »Darwinhöcker« hat etwas mit der Evolution zu tun. Laut Darwin handelt es sich bei dem heute nach ihm benannten Knorpelfortsatz am Außenrand der menschlichen Ohrmuschel um ein funktionslos gewordenes Überbleibsel des ehemals spitzen Säugetierohres. Dabei verdankte Darwin seine Erkenntnis einem Kunstwerk des Bildhauers Thomas Woolner. Dieser hatte eine Statue des Puck aus William Shakespeares »Sommernachtstraum« mit einem Knick in der Ohrmuschel angefertigt, da er bei einigen Menschen auf ebensolch eine Verformung des Ohres gestoßen war. Darwin sah darin die »Überreste der Spitzen früher aufgerichteter und spitzer Ohren« bei Menschen. Er übernahm diesen »Woolnerian tip« – wie er ihn nannte – 1871 in sein Buch »Die Abstammung des Menschen« und dankte darin ausführlich Woolner – dem Künstler, von dem er mehr gelernt hatte als von jedem großen Meister.

In einer spanischen Studie wurde der Darwinhöcker bei etwa zehn Prozent der Probanden beobachtet.

32.

Wo kann einem im Vatikan der lateinische Satz »Inserito scidulam quaeso ut faciundam cognoscas rationem« begegnen?

A: Bankautomat

B: Telefonzelle

C: Speisekarte

A: Bankautomat

Auch ohne Lateinkenntnisse springt vielleicht sofort das erste Wort des Satzes ins Auge. »Inserito« klingt sehr nach dem englischen Verb »(to) insert«, was mit »einfügen« bzw. »einführen« übersetzt werden kann. In einer Speisekarte ist die Nennung dieser Tätigkeit eher nicht zu erwarten, und die Zeit der Telefonkarten bzw. Telefonzellen ist seit ein paar Jahren vorbei. Tatsächlich handelt es sich um den Satz, mit dem Kunden an Geldautomaten der Vatikanbank (offiziell: Istituto per le Opere di Religione, kurz IOR) begrüßt werden. Es ist die höfliche Aufforderung, die Bankkarte in den Automaten einzuführen, um dann Zugang zum weiteren Service zu erhalten.

Diese moderne Nutzung der »toten« Sprache ist kein Einzelfall. Zwar wird im Alltag heute kaum in lateinischer Sprache kommuniziert, aber das Wörterbuch »Lexicon recentis Latinitatis« liefert die passenden Wendungen für viele moderne Begriffe. »Fistula nicotiana«, wörtlich »nikotinhaltige Röhre«, ist die Zigarette, und »fiscale pretii additamentum«, wörtlich »staatlicher Preisaufschlag«, ist die Mehrwertsteuer.

33.

Nur 52 Tage nachdem Helmut Schmidt die Bundeskanzlerschaft übernahm, wurde die Bundesrepublik Deutschland …?

A: Fußball-Weltmeister

B: NATO-Mitglied

C: Olympia-Ausrichter

A: Fußball-Weltmeister

Im Mai 1974 trat Willy Brandt aufgrund der Guillaume-Affäre als Bundeskanzler zurück. Für neun Tage übernahm der damalige Vizekanzler Walter Scheel das Amt geschäftsführend, bevor Helmut Schmidt am 16. Mai 1974 vom Bundestag zum fünften Bundeskanzler der Bundesrepublik Deutschland gewählt wurde. Gesucht ist also ein Ereignis aus der Mitte des Jahres 1974.

Die drei Möglichkeiten sind zeitlich wie folgt einzuordnen: Die Bundesrepublik gehörte zwar nicht zu den Gründungsmitgliedern der NATO im Jahr 1949, trat dem Bündnis aber 1955, im Jahr der Gründung der Bundeswehr, unter Kanzler Konrad Adenauer bei.

Die Olympischen Sommerspiele fanden in München 1972 statt, bereits 1966 fiel diese Entscheidung auf einer Sitzung des IOC in Rom. Danach wurden bislang keine Olympischen Spiele mehr nach Deutschland vergeben.

Zwei Jahre später, im Jahr 1974, wurde auch die Fußballweltmeisterschaft in Deutschland ausgetragen – und die deutsche Fußballnationalmannschaft der Männer gewann durch einen 2 : 1-Sieg im Finale von München gegen die favorisierten Niederlande ihren zweiten Weltmeistertitel. Das Datum des Endspiels war der 7. Juli, der genau 52 Tage nach dem Amtsantritt von Helmut Schmidt liegt.

34.

In welcher Sprache hat das Alphabet nur fünf Vokale, sieben Konsonanten und einen Apostroph namens 'Okina?

A: Suaheli

B: Finnisch

C: Hawaiisch

C: Hawaiisch

Aloha, Honolulu, Mauna Kea, Hawai'i, Maui, Waikiki, Poke, Hula – alle diese Begriffe lassen sich mit den Zeichen des hawaiischen Alphabets bilden. Mit seinen nur 13 Zeichen ist es eines der kürzesten Alphabete der Welt und besteht aus den Buchstaben a, e, i, o, u, p, k, m, n, w, l und h sowie dem erwähnten 'Okina. Dieser sogenannte Glottisverschlusslaut wird inzwischen als ein eigenständiger Buchstabe angesehen und hilft z. B. ansonsten gleich aussehende Wörter zu unterscheiden – so heißt »pua« »Blume«, aber »pu'a« unter anderem »ausscheiden/absondern«. Prominentes Beispiel für ein Wort mit 'Okina ist »Hawai'i«. Hier soll nach Überlieferungen früher ein »k« zwischen den beiden »i« gestanden haben, die korrekterweise getrennt ausgesprochen werden.

Das finnische Alphabet besteht aus den 26 Buchstaben des lateinischen Alphabets und den drei Sonderzeichen »å«, »ä« und »ö«, während das Suaheli-Alphabet nur 24 Buchstaben hat. Im Vergleich zu unserem Alphabet fehlen bei diesem die beiden Buchstaben »q« und »x«.

35.

Wessen Geschichte endet in der Arktis?

A: Dracula

B: Frankenstein

C: Dorian Gray

B: Frankenstein

Zu berühmten Werken der Weltliteratur werden häufig auch inhaltliche Fragen gestellt. Gerade die Anfangs- bzw. Endsequenzen von Geschichten bieten sich hierzu an. Achtung: Spoiler-Gefahr in den folgenden Ausführungen!

Graf Dracula gelangt im Laufe von Bram Stokers Roman bis nach London, wird aber am Ende in der Nähe seines Schlosses in Transsilvanien vernichtet.

»Das Bildnis des Dorian Gray« ist der einzige Roman des irischen Schriftstellers Oscar Wilde. Er spielt durchgängig im dekadenten London des ausgehenden 19. Jahrhunderts, wo auch die Titelfigur am Ende den Tod findet.

»Frankenstein oder Der moderne Prometheus« ist der komplette Titel von Mary Shelleys Schauerroman. Erzählt wird die Geschichte des jungen Studenten Viktor Frankenstein, der an der Universität Ingolstadt einen künstlichen Menschen erschafft. Nach mehreren durch die Kreatur verursachten Todesfällen in seinem persönlichen Umfeld jagt Frankenstein das Geschöpf bis in die Eiswüste der Arktis. Dort wird er geschwächt und schwer krank von einem Forschungsschiff an Bord genommen, auf dem er wenig später stirbt. Seine Kreatur gelangt ebenfalls an Bord und findet ihren Schöpfer tot vor – am Ende der Handlung verschwindet das Monster auf einer Eisscholle in die arktische Kälte, um dort einsam zu sterben.

36.

Welche New Yorker Innendesignerin und Stil-Ikone wurde im August 2021 100 Jahre alt?

A: Ruth Birne

B: Iris Apfel

C: Fiona Banane

B: Iris Apfel

Iris Apfel ist eine Frau mit einem bemerkenswerten Lebenslauf: 1921 kam sie als Iris Barrel im New Yorker Stadtbezirk Queens zur Welt. Nach einem Studium der Kunstgeschichte besuchte sie die Kunstakademie der University of Wisconsin. Mit ihrem Ehemann Carl Apfel, den sie 1948 heiratete, gründete sie das Unternehmen Old World Weavers, das sich auf die Herstellung von Stoffen aus der »Alten Welt« spezialisierte, die man so in den Vereinigten Staaten nicht bekam. Als Innenarchitektin wirkte sie für neun amerikanische Präsidenten und deren Ehefrauen an der Gestaltung der Räume des Weißen Hauses mit, zuletzt für Bill und Hillary Clinton.

2005 widmete ihr das Metropolitan Museum of Art in New York eine Ausstellung. Damit wurde erstmals in der Geschichte des Museums einer lebenden Person diese Ehre zuteil, die keine Mode-Designerin ist. 2019 nahm die Agentur IMG die damals 97-Jährige als Model unter Vertrag und machte sie so zur Kollegin von wesentlich jüngeren Models wie Kate Moss, Chrissy Teigen und Gigi Hadid.

37.

Der mit 97 Jahren bislang älteste Nobelpreisträger der Geschichte ist der 1922 in Jena geborene Forscher John …?

A: Extraordinary

B: Welldone

C: Goodenough

C: Goodenough

Die Namen der aktuellen Nobelpreisträger in den naturwissenschaftlichen Disziplinen sind heute meist nicht so präsent wie diejenigen für Literatur und Frieden. 2019 gab es jedoch in der Kategorie Chemie einen Preisträger, dessen Name förmlich dazu einlud, ihn sich mit einer einfachen Formulierung zu merken: Der in Jena geborene US-Amerikaner war »gut genug« für den Nobelpreis und heißt ebenso, nämlich John Bannister Goodenough. Zusammen mit seinen Forscherkollegen Michael Stanley Whittingham und Akira Yoshino wurde er für die Entwicklung von Lithium-Ionen-Akkumulatoren ausgezeichnet. Als die drei am 10. Dezember 2019 in Stockholm ihre Ehrung erhielten, war Goodenough mit damals 97 Jahren die älteste Person, der jemals ein Nobelpreis verliehen wurde. Die Errungenschaften der drei Wissenschaftler begegnen uns täglich, wenn wir tragbare Geräte mit hohem Energiebedarf nutzen, für die herkömmliche Akkus zu schwer oder zu groß wären. Dies sind z. B. Mobiltelefone, Digitalkameras, Camcorder oder Laptops sowie Elektro- und Hybridfahrzeuge.

38.

»Vasistas« ist in Frankreich keine Frage, sondern die Bezeichnung für ein …?

A: Schlafsofa

B: Bierlokal

C: Klappfenster

C: Klappfenster

Hä? Wie bitte? Was ist das? – Genauso kam dieses Ding zu seinem Namen, wobei es aber zwei abweichende Theorien zur Entstehung des Begriffs, aber auch zu seiner genauen Bedeutung gibt. Sicher ist nur, dass das Wort erstmals 1798 in einem französischen Wörterbuch auftauchte.

Die eine Theorie besagt, dass beim Einmarsch napoleonischer Truppen in Deutschland die Bürger in den Städten durch kleine Mansardenfenster schauten und bei dem Lärm verwundert riefen: »Was ist das?« Die französischen Soldaten verbanden mit der Frage die ihnen offenbar nicht bekannten Dachfenster und übernahmen den lautgetreuen Begriff »vasistas« dafür.

Laut der anderen Theorie sahen deutsche Besucher erstmals gegen Ende des 18. Jahrhunderts in Frankreich Oberlichtfenster. Da sie ihnen unbekannt waren, stellten sie den Hausherren die Frage »Was ist das?« und zeigten darauf. Diese Geschichte deckt sich auch mit heutigen Wörterbucheinträgen, wo das französische »vasistas« meist als »Oberlicht«, »Guckfenster« oder »kleines Klappfenster« übersetzt wird.

39.

Wer erschuf laut griechischer Mythologie aus dem Ton der Erde die Menschen?

A: Tantalos

B: Prometheus

C: Sisyphos

B: Prometheus

In der griechischen Mythologie gibt es einige bemerkenswerte Gestalten: Tantalos und Sisyphos sind Namensgeber für zwei Begriffe unseres Sprachgebrauchs geworden. Der lydische König Tantalos erzürnte die Götter und wurde zur Strafe in die Unterwelt verbannt. Dort konnte er greifbar nahe Nahrungsmittel nicht erreichen und lebte zudem in ständiger Angst, ein über ihm schwebender Felsbrocken könne auf ihn herabstürzen – er erlitt »Tantalosqualen«.

Sisyphos wiederum wurde mit einer frustrierenden Aufgabe bestraft: Er musste ewig einen schweren Felsbrocken einen Berg hinaufwälzen, der immer kurz vor dem Gipfel wieder hinunterrollte. Heutzutage wird eine mühevolle – oder sinnlose – Arbeit, bei der kein Ende abzusehen ist, »Sisyphosarbeit« genannt.

Der Titan Prometheus schließlich wurde von Zeus bestraft: Doch was hatte den Göttervater so erzürnt? In einer Variante des Mythos um seine Figur ist Prometheus ein sogenannter Demiurg (Schöpfer), der den Menschen aus Ton gestaltet und mit vielfältigen Eigenschaften ausstattet. Zeus wollte den Menschen das Feuer vorenthalten, doch dem widersetzte sich Prometheus, da er ein besonderes Verantwortungsbewusstsein für die Sterblichen fühlte. Für diesen Frevel wurde er bitter bestraft: Zeus ließ ihn gefesselt an das Kaukasus-Gebirge schmieden, wo ihm ein Adler immer wieder seine ständig nachwachsende Leber aus dem Körper fraß. Erst der Held Herakles erlöste ihn von diesen Qualen, indem er den Adler mit einem Pfeil erlegte.

40.

Welchen Index gibt es tatsächlich?

A: Snickers-Index

B: Big-Mac-Index

C: Mezzo-Mix-Index

B: Big-Mac-Index

Eine wichtige Größe bei volkswirtschaftlichen Betrachtungen ist die sogenannte Kaufkraftparität, die erkennen lässt, ob eine nationale Währung gegenüber einer anderen Währung über- oder unterbewertet ist. Diese Kennzahl kann mit komplizierten Modellen bestimmt werden – oder näherungsweise mit folgender Überlegung: Ein Gut, welches weltweit überall aus gleichen Materialien hergestellt wird, sollte bei einem perfekten Markt auch zum identischen Preis verkauft werden. Im Jahr 1986 erfand dazu die britische Wochenzeitung *The Economist* den »Big-Mac-Index«. Dieser Fast-Food-Klassiker soll grundsätzlich aufgrund von Franchise-Verträgen überall auf der Welt identisch hergestellt werden – dennoch ergeben sich bei der Betrachtung der Verkaufspreise erhebliche Unterschiede. Im Juli 2018 z. B. kostete der Burger in den USA im Schnitt 5,51 USD, während sein Preis in Jordanien zum damaligen Wechselkurs umgerechnet nur 2,75 USD betrug. Der Jordanische Dinar war also zu diesem Zeitpunkt um fast genau 50 Prozent unterbewertet, hatte also nur die halbe Kaufkraft.

Schwächen des »Big-Mac-Index« – so wird der Burger z. B. in manchen Ländern aus religiösen Gründen mit anderem Fleisch produziert und ist insgesamt nicht überall auf der Welt erhältlich – versuchen andere Kennzahlen zu umgehen. So nutzt der »Mini-Mac-Index« das iPad Mini als Referenzgröße, und der »Billy-Index« bezieht sich auf das bekannte Standardregal von IKEA.

41.

Welche Eselsbrücke verrät die Stimmlagen in Opern und Operetten?

A: TABULA GAROBA

B: GOMERA PALOMA

C: SOMEA TEBABAS

C: SOMEA TEBABAS

Klingt wie ein mittelalterlicher Zauberspruch, kann aber helfen, Struktur in die gängigen Stimmlagen von Oper und Operette zu bringen: »SOMEA« steht dabei für die drei weiblichen Stimmlagen von Hoch nach Tief und »TEBABAS« für die sich darunter anschließenden Männerstimmlagen.

Die höchste Stimmlage von Sängerinnen ist der Sopran. Abgeleitet ist dies wie die Namen fast aller Lagen aus dem Lateinischen, wo »supremus« höchster bedeutet. Darunter folgt als mittlere Stimmlage von Sängerinnen der Mezzosopran und schließlich die tiefste Frauenstimme, der Alt. Kurioserweise bezieht sich die Bezeichnung »Alt« auf die Vokabel »altus« (= hoch), soll damit aber ausdrücken, dass es sich um die hohe Stimme über dem melodieführenden Tenor handelt. Dieser ist die höchste der drei Stimmlagen für Männer und erhielt seinen Namen vom Verb »tenere« (= halten). Die mittlere Männerlage ist der Bariton (ital. »baritono« = tief tönend) und am unteren Ende der gesamten Skala folgt schließlich der Bass (»bassus« = stark, reichlich).

Bei Bühnenwerken werden neben dem reinen Tonumfang auch noch andere Anforderungen an Gesangsstimmen gestellt. Dies führt zur Einordnung von einzelnen Charakteren in sogenannte »Stimmfächer«. So ist z. B. die Königin der Nacht in Mozarts »Zauberflöte« ein »Dramatischer Koloratursopran« und Radames in Verdis »Aida« ein »Jugendlicher Heldentenor«.

42.

Wer gewann bei den Olympischen Spielen 1988 mit der deutschen Fußballmannschaft eine Medaille?

A: Helmut Rahn

B: Gerd Müller

C: Fritz Walter

C: Fritz Walter

Durch einen 3 : 0-Sieg gegen Italien im Spiel um den dritten Platz konnte sich die Olympia-Auswahl der Bundesrepublik 1988 in Seoul die Bronzemedaille im olympischen Fußballturnier sichern. Vier der Medaillengewinner wurden zwei Jahre später in Italien auch Fußballweltmeister, nämlich Thomas Häßler, Jürgen Klinsmann, Frank Mill und Karl-Heinz Riedle. Aber auch ein Name mit ganz großem Klang in der deutschen Fußballhistorie war im Kader von Trainer Hannes Löhr vertreten. Gemeint ist der Namensvetter der Pfälzer Fußball-Legende Fritz Walter, der damals als Stürmer beim VfB Stuttgart aktiv war. Er schoss seinen einzigen Treffer im olympischen Turnier 1988 bei der 1 : 2-Niederlage gegen Schweden in der Vorrunde. Vier Jahre später wurde er mit dem VfB Stuttgart Deutscher Meister und mit 22 Treffern Torschützenkönig der 1. Fußball-Bundesliga. Da zu seiner aktiven Zeit einige der besten deutschen Stürmer aller Zeiten spielten (Rummenigge, Allofs, Völler, Klinsmann, Riedle), hält Fritz Walter eine Bestmarke, auf die er wahrscheinlich gut verzichten könnte: Mit 157 Toren ist er der beste Stürmer in der Geschichte der 1. Fußball-Bundesliga, der nie ein A-Länderspiel bestritten hat.

43.

Welcher Sänger nahm im März 2019 offiziell die britische Staatsbürgerschaft an?

A: Farin Urlaub

B: Heino

C: Campino

C: Campino

Auf den ersten Blick keine einfache Frage, aber über welchen der drei Sänger sind vielleicht biografische Details bekannt, die ihn mit Großbritannien in Verbindung bringen?

Farin Urlaub wurde als Jan Vetter in Westberlin geboren und ist Gründungsmitglied der Band Die Ärzte sowie Kopf der Band Farin Urlaub Racing Team.

Ein immer wieder gern erwähntes Detail über Heino ist das Rathaus-Café, das der gelernte Konditor zwischen 1996 und 2012 in Bad Münstereifel betrieb.

Bei Campino schließlich wird man endlich fündig: Seine Mutter ist gebürtige Engländerin, und in der Öffentlichkeit wird er immer als einer der Ersten genannt, wenn es um prominente Fans des FC Liverpool geht. Spätestens mit seinem 2020 veröffentlichten autobiografischen Buch »Hope Street« machte Andreas Frege (so Campinos bürgerlicher Name) sein britisch-deutsches Elternhaus öffentlich. Wie der Buchtitel heißt auch eine Straße in Liverpool; der Fußball und die Musik der englischen Stadt nehmen in dem Werk eine wichtige Rolle ein.

44.

Wie wird das Bundeskanzleramt im Berliner Volksmund scherzhaft genannt?

A: Orgelkasten

B: Waschmaschine

C: Muttis Café

B: Waschmaschine

Willy-Brandt-Straße 1, 10557 Berlin – so lautet seit 2001 die Adresse des Bundeskanzleramtes. Mit dem Einzug Gerhard Schröders nach knapp vierjähriger Bauzeit war der Regierungsumzug von Bonn nach Berlin abgeschlossen. 2005 übernahm Angela Merkel, und 2021 wurde Olaf Scholz neuer Hausherr und kann die beiden oberen Etagen als Arbeits- und Wohnräume nutzen.

Errichtet wurde der Bau unter Leitung der Architekten Axel Schultes und Charlotte Frank im Stil der Postmoderne. Das Bundeskanzleramt ist rund achtmal so groß wie das Weiße Haus in Washington, D. C., und gilt als größtes Regierungshauptquartier der Welt. Vor dem Haupteingang steht die monumentale Eisenskulptur »Berlin« des baskischen Bildhauers Eduardo Chillida, im Inneren sind Werke der Klassischen Moderne sowie von zeitgenössischen deutschen und internationalen Künstlern zu finden.

Vorwiegend von Touristenführern, Journalistinnen und Journalisten wurde der Bau mit diversen Spitznamen versehen. Darunter befinden sich die Wortschöpfungen »Elefantenklo« und in Anlehnung an Ex-Kanzler Helmut Kohl »Kohllosseum«, aber auch die wahrscheinlich vom sehr technisch wirkenden Aussehen abgeleitete »Waschmaschine«.

45.

Welches Tierkreiszeichen bildet mit Waage und Wassermann das Trigon des Elements Luft?

A: Skorpion

B: Schütze

C: Zwillinge

C: Zwillinge

Jeweils drei der zwölf Sternzeichen in unserem Tierkreis bilden ein sogenanntes Trigon bzw. Dreieck. Die drei Zeichen sind dabei so im (Tier-)Kreis angeordnet, dass ihre Verbindungsgeraden ein gleichseitiges Dreieck zeigen. Dies bedeutet, dass die drei zusammengehörenden Zeichen im Zeitablauf jeweils vier Monate voneinander entfernt sind. Somit gehört zu Waage (September/Oktober) und Wassermann (Januar/Februar) das Zeichen, welches sich über die Monate Mai und Juni erstreckt. Also ist Zwillinge der fehlende Bestandteil des Luft-Dreiecks. Die anderen Dreiecke werden den Elementen Feuer (Widder, Löwe, Schütze), Erde (Steinbock, Stier, Jungfrau) und Wasser (Krebs, Skorpion, Fische) zugeordnet.

In der Astrologie werden diese Dreiecke genutzt, um bei der Erstellung eines individuellen Horoskops Menschen bestimmte Eigenschaften zuzuschreiben. So werden in einem der drei Luftzeichen geborene Personen oft als besonders kreativ, neugierig und offen für andere Sicht- und Herangehensweisen charakterisiert.

46.

In London werden welche beiden Musiker in einem gemeinsamen Museum geehrt?

A: Händel und Hendrix

B: Mozart und Morrison

C: Bach und Bowie

A: Händel und Hendrix

Drei Größen der klassischen Musik des 18. Jahrhunderts und drei moderne Musikikonen – aber bei welchem der Paare haben beide Künstler eine intensive Verbindung zu London?

Als Einziger wurde David Bowie in der britischen Hauptstadt geboren; Johann Sebastian Bach kam in Eisenach zur Welt, hatte Wirkungsschwerpunkte in Köthen, Weimar und Leipzig und verließ auch bei seinen Reisen kaum das Gebiet des heutigen Deutschlands.

Der US-Amerikaner Jim Morrison kam auf Konzertreisen mit den Doors auch nach London, aber wesentlich stärker ist der letzte Abschnitt seines Lebens in Erinnerung geblieben, den er bis zum Tod 1971 in Paris verbrachte.

Auch Mozart besuchte London im Rahmen einer Konzertreise; prägender für ihn war jedoch stets die italienische Musik, weshalb er insgesamt drei längere Reisen nach Italien unternahm.

Georg Friedrich Händel kam wesentlich mehr herum als sein Zeitgenosse Johann Sebastian Bach und lebte 36 Jahre lang in einem Haus im Londoner Stadtteil Mayfair. Auf der Insel konnte er große Erfolge feiern und wurde nach seinem Tod als eine der wenigen nicht-britischen Persönlichkeiten in der Westminster Abbey beigesetzt.

Im direkten Nachbarhaus verbrachte Jimi Hendrix von Juli 1968 bis Februar 1969 einige turbulente Wochen. Das Ensemble der beiden direkt aneinander angrenzenden Häuser kann seit 2016 als Museum »Handel & Hendrix in London« besichtigt werden.

47.

Wie heißt ein wohltätiges Ungeheuer im japanisch-chinesischen Volksglauben?

A: Baku

B: Kabul

C: Skopje

A: Baku

Das gesuchte Wesen hat in Darstellungen meist einen Elefantenkopf mit einem eher stämmigen Rüssel, kleine Ohren, vier Füße mit je vier Klauen, einen gelockten Schwanz und den Körper und die Mähne eines Löwen. Es hält sich in der Nähe von Menschen auf und kann deren böse Träume verschlingen, wenn es mit einer Beschwörungsformel dreimal gerufen wird. Seine Abbildung auf dem Kopfkissen soll für einen traumlosen, geruhsamen Schlaf sorgen.

Die Kreatur gehört zur Gruppe der japanischen Dämonen (Yōkai) – die Bezeichnung »Baku« wird ebenfalls für den Malaysischen Tapir verwendet, dessen Aussehen die Gestalt des Ungeheuers wahrscheinlich beeinflusst hat.

Auch auf sprachlicher Ebene kann man sich hier der richtigen Lösung nähern. Wer an bekannte japanische Begriffe aus der Gastronomie denkt oder vielleicht die Namen einiger japanischer Städte oder Sportler parat hat, wird ein Wort mit den Konsonantenkombinationen »sk« und »pj« eher unpassend für die japanische Sprache finden. Und eine andere Faustregel schließt die Antwort »Kabul« aus: Japanische Wörter enden entweder auf einen Vokal oder den Konsonanten »n«.

48.

Welches Bundesland hat Landgrenzen zu drei Nachbarländern Deutschlands?

A: Rheinland-Pfalz

B: Baden-Württemberg

C: Brandenburg

A: Rheinland-Pfalz

Bei der Lösung dieser Frage liegt die Betonung auf »**Landgrenzen**«. Das Bundesland Baden-Württemberg grenzt an drei Nachbarländer: im Westen an Frankreich und im Süden an die Schweiz und den Bodensee. In diesem ist die genaue Grenzziehung zwischen den Anrainerstaaten Deutschland, Österreich und Schweiz allerdings nicht abschließend geklärt, sodass Baden-Württemberg durch sein Seeufer zwar zumindest indirekt eine (See-)Grenze mit Österreich hat – aber eben keine Landgrenze.

Gleichzeitig grenzt auch Bayern an den Bodensee und hat damit die Schweiz als indirekten See-Nachbarn, aber auch nur zwei direkte Landgrenzen mit Österreich und Tschechien.

Als einziges deutsches Bundesland hat Rheinland-Pfalz eine Landgrenze zu drei Nachbarstaaten, nämlich Belgien, Luxemburg und Frankreich.

49.

Welche Parole gewährt in Arthur Schnitzlers »Traumnovelle« Zutritt zu einer Orgie?

A: Fidelio

B: Dänemark

C: Schampampurasch

B: Dänemark

Bei der Beantwortung dieser Frage gilt es, einer gemeinen Falle auszuweichen, in die tappt, wer den Stoff aus Arthur Schnitzlers »Traumnovelle« nur durch den letzten vollendeten Film »Eyes Wide Shut« von Regisseur Stanley Kubrick kennt, der auf der Novelle basiert. Dort spielen Nicole Kidman und Tom Cruise ein Ehepaar, dessen Beziehung in einem Strudel ungestillter erotischer Begierden und Träume auf die Probe gestellt wird. Im Lauf der Handlung erhält der von Cruise verkörperte Dr. Harford das Losungswort für den Einlass zu einer exklusiven Orgie. Dieses lautet im Film »Fidelio«.

In Arthur Schnitzlers Novelle hilft die Oper »Fidelio« von Ludwig van Beethoven aber nicht weiter, sondern das Losungswort lautet hier »Dänemark«, weil die Ehefrau ihrem Mann zu Beginn der Handlung von Untreue-Gedanken während eines gemeinsamen Dänemark-Urlaubs erzählt.

Über den Grund für die Änderung des Codewortes in Kubricks Film kann nur spekuliert werden. Möglicherweise erschien durch die Verlegung der Filmhandlung aus Europa in die USA dieser geografische Bezug unglaubwürdig. Die Änderung kann allerdings auch aus inhaltlichen Überlegungen vorgenommen worden sein: In Beethovens Oper verkleidet sich eine Frau als Mann, um ihren Ehegatten aus der Gefangenschaft zu befreien – dies könnte symbolhaft die schwierige Beziehungskonstellation der beiden Eheleute im Film aufzeigen. Nicht zuletzt steht die ähnliche englische Vokabel »fidelity« für die in der Geschichte zentralen Begriffe »Treue« und »Redlichkeit«.

50.

Die italienische Kleinstadt San Gimignano bezeichnet man aufgrund ihrer Architektur auch als mittelalterliches …?

A: Manhattan

B: Venedig

C: Athen

A: Manhattan

Der Stadtkern von San Gimignano in der Toskana gehört zum Weltkulturerbe der UNESCO, denn bis heute sind dort 14 sogenannte Geschlechtertürme zu bestaunen. Während in vielen anderen Städten nur noch Stümpfe erhalten sind, kann man in San Gimignano noch heute einige der bis zu 54 Meter hohen Geschlechtertürme finden. Ursprünglich gab es in der Stadt 72 Türme. Diese wurden im Mittelalter von einflussreichen Patrizierfamilien errichtet und dienten zu Wohn- und Verteidigungszwecken – ähnlich den Bergfrieden ländlicher Burgen. Später wurden sie mehr und mehr dazu genutzt, Macht und Einfluss der eigenen Familie zu demonstrieren. So wurden die Türme immer höher und dadurch instabiler. Dies ist einer der Gründe, warum heute nur noch wenige Geschlechtertürme erhalten sind – außer in San Gimignano, dessen »Skyline« aus der Ferne noch heute an ein mittelalterliches Manhattan erinnert. Der höchste Turm, der um 1300 erbaute Torre Grossa, gehört zum Palazzo del Popolo, der heute das Rathaus der Gemeinde beherbergt.

51.

Welcher Kinofilm wurde teilweise durch Crowdfunding finanziert?

A: Der Wixxer

B: 25 km/h

C: Stromberg – Der Film

C: Stromberg – Der Film

Mit ein wenig Risikobereitschaft ist es inzwischen für Fans möglich, sich direkt an Projekten zur Verfilmung ihrer Lieblingsstoffe zu beteiligen und damit sogar Geld zu verdienen. Die 2011 gestartete Finanzierung von »Stromberg – Der Film« gilt als erste Crowdfunding-Aktion, die in Deutschland von der breiten Öffentlichkeit wahrgenommen wurde. Ein wichtiger Erfolgsfaktor dieser Aktion war die vorhandene breite Fangemeinde der TV-Serie »Stromberg«, auf deren Investitionsbereitschaft die Initiatoren u. a. hofften. Mehr als 3000 Kleinanleger stellten insgesamt eine Million Euro zur Verfügung; sie erwarben dafür Anteile an dem Projekt im Nennwert von 50 Euro und wurden im Gegenzug zu vorher festgelegten Konditionen an den Verkaufserlösen der Kino-Eintrittskarten beteiligt. Bereits nach der ersten Abrechnungsperiode konnte 2014 ein Erlös von 1,169 Millionen Euro an die Finanzierenden ausgeschüttet werden, was einer Rendite auf das eingesetzte Kapital von knapp 17 Prozent entspricht.

Die beiden anderen Filme wurden ausschließlich über die traditionellen Wege finanziert.

52.

Wie lautet der zweite Vorname von Angela Merkel?

A: Barbara

B: Claudia

C: Dorothea

C: Dorothea

Von sehr bekannten Personen werden in einem Quiz gern mal der Geburtsname oder weitere Vornamen abgefragt. In unserem Fall kann der familiäre Hintergrund helfen, um die richtige Antwort zu finden. Angela Merkel wurde am 17. Juli 1954 in Hamburg als Tochter von Horst und Herlind Kasner geboren. Ihr Vater hatte Theologie studiert und trat kurz nach ihrer Geburt eine Stelle als Pfarrer im brandenburgischen Quitzow an. Vor diesem beruflichen Hintergrund kann die Wahl der Vornamen für die neugeborene Tochter nicht verwundern. Angela bedeutet natürlich »Engel« bzw. »Bote«, und der zweite Vorname Dorothea kann mit »Geschenk der Göttin« bzw. »Gottesgabe« übersetzt werden.

1977 heiratete die spätere Bundeskanzlerin während ihres Physikstudiums den Studenten Ulrich Merkel, von dem sie sich fünf Jahre später wieder scheiden ließ. Seit 1998 ist sie mit Joachim Sauer verheiratet, hat aber den Nachnamen Merkel beibehalten.

53.

Wenn ein Journalist unter falscher Identität recherchiert, heißt das im Schwedischen …?

A: leyendeckera

B: wallraffa

C: woodwarda

B: wallraffa

Die Wortschöpfung steht für »verdeckt journalistisch arbeiten, um Missstände aufzudecken« und bezieht sich auf die Arbeit des investigativen Journalisten Hans-Günter Wallraff. Dieser lieferte als Begründung für seine Art der Recherche: »Man muss sich verkleiden, um die Gesellschaft zu demaskieren, muss täuschen und sich verstellen, um die Wahrheit herauszufinden.« Zu Wallraffs wohl bekanntesten Werken gehören die Bestseller »Der Aufmacher. Der Mann, der bei Bild Hans Esser war« (1977) und »Ganz unten« (1985). Für die Recherche zu dem ersten Buch arbeitete er drei Monate lang als Redakteur bei der *Bild* in Hannover, für das zweite Buch nahm er für zwei Jahre die Identität des türkischen Gastarbeiters Ali Levent Sinirlioğlu an. Versuche betroffener Unternehmen und Organisationen, die Veröffentlichungen von Wallraffs Rechercheergebnissen juristisch zu untersagen, scheiterten meist.

Ebenfalls Eingang in schwedische Wörterbücher fand 2012 ein anderes Verb: »att zlatanera« bedeutet so viel wie »mit Kraft dominieren« und bezieht sich auf Schwedens Fußball-Superstar Zlatan Ibrahimovic.

54.

Was ist nicht im Grundgesetz verankert?

A: Nationalhymne

B: Bundesflagge

C: Hauptstadt

A: Nationalhymne

Das Grundgesetz der Bundesrepublik Deutschland wurde am 23. Mai 1949 verkündet und beschäftigt sich als Bundesverfassung in seinen 146 Artikeln mit den Grundrechten, grundrechtsgleichen Rechten und dem Staatsorganisationsrecht. Neben vielen abstrakten Vorschriften finden sich darin auch einige sehr konkrete Regelungen.

So heißt es in Artikel 22, Absatz 1: »Die Hauptstadt der Bundesrepublik Deutschland ist Berlin.« Und in Absatz 2: »Die Bundesflagge ist schwarz-rot-gold.« Keine Aussage macht der Text jedoch zur deutschen Nationalhymne. Diese ist auch in keinem anderen Gesetzestext formell festgeschrieben; allerdings spricht man in diesem Fall von Gewohnheitsrecht, wonach die dritte Strophe des Deutschlandliedes mit der Musik von Joseph Haydn und dem Text von August Heinrich Hoffmann von Fallersleben die deutsche Nationalhymne ist. Dies haben im August 1991 auch der damalige Bundespräsident Richard von Weizsäcker und der damalige Bundeskanzler Helmut Kohl in einem Briefwechsel festgelegt. In § 90a des Strafgesetzbuchs wird die Hymne genau wie andere staatliche Symbole (Farben, Flagge und Wappen) gegen Verunglimpfung geschützt.

55.

Wo soll der Ausspruch
»Mein Name ist Hase, ich weiß von nichts«
erstmals geäußert worden sein?

A: Parlament

B: Gericht

C: Kirche

B: Gericht

Den Ausspruch haben viele bestimmt schon einmal genutzt, um ihre komplette Ahnungslosigkeit in Bezug auf eine bestimmte Sache auszudrücken. Mit Tieren hat das Ganze aber nichts zu tun. Erstmals dokumentiert wurde der Satz Mitte des 19. Jahrhunderts, als der Jurastudent Karl Victor Hase ihn sagte. Dieser verlor in Heidelberg »zufällig« seine Studentenkarte, damit sie ein Kommilitone auf der Flucht als Ausweisdokument nutzen konnte, um nach einem Duell mit Todesfolge in die Fremdenlegion einzutreten. Nach dem Grenzübertritt warf der Duellant die Karte weg, sie wurde gefunden und nach Heidelberg zurückgeschickt. Bei einer anschließenden Untersuchung des Vorgangs äußerte sich Hase mit den Worten: »Mein Name ist Hase, ich verneine die Generalfragen, ich weiß von nichts.« Dies wurde schnell in universitären Kreisen bekannt und zur heute gängigen Redensart verkürzt. 1857 bestand Karl Victor Hase das erste Staatsexamen und promovierte danach zum Doktor der Rechte.

Sein Ausspruch fand später sogar Eingang in die Popkultur: Schlagersänger Chris Roberts konnte sich 1971 mit dem Titel »Mein Name ist Hase« mehrere Wochen in den deutschen Charts platzieren.

56.

Was wird maximal 50 Zentimeter lang und ist von gleichmäßig bräunlicher Farbe?

A: Palmendieb

B: Nacktmull

C: Zigarrenhai

C: Zigarrenhai

Bei dieser Frage kann das Ausschlussprinzip helfen, wenn man die auf ihre jeweilige Art speziellen Tiere vor Augen hat:

Der Palmendieb ist das größte an Land lebende Krebstier der Erde und kann bei einer Körperlänge von bis zu 40 Zentimetern eine Spannweite der Beine von bis zu einem Meter aufweisen. Seine Körperfarbe variiert zwischen blau-violett und rot-orange. Der Palmendieb ist in der Lage, selbstständig eine Kokosnuss zu öffnen, und wird daher auch Kokosnussräuber genannt.

Nacktmulle werden bis zu 15 Zentimeter lang und haben eine braun-rosa gefärbte Haut. Ihren Namen verdanken sie der Tatsache, dass sie nur wenige, kaum wahrnehmbare Haare haben, weshalb ihr Körper nackt erscheint.

Zu den Haien gehören über 500 bekannte Arten, die nicht alle so groß werden können wie der Walhai oder der Weiße Hai. Der eher kleine Vertreter dieser Tiergruppe, der Zigarrenhai, weist die genannte Länge und Färbung auf, was wahrscheinlich auch seinen Namen erklärt.

57.

Das Wahrzeichen welcher deutschen Großstadt hat »Welsche Hauben«?

A: München

B: Köln

C: Frankfurt am Main

A: München

Als Zwiebelturm wird ein Turm bezeichnet, dessen Spitze einer Zwiebel ähnelt: im unteren Teil bauchig und nach oben spitz zulaufend. Bei einer »Welschen Haube« handelt es sich um eine besondere Form der »Zwiebelhaube«, bei der sich zwischen der eigentlichen Haube und dem Turm noch eine sogenannte Laterne befindet. Dieser Aufsatz ist offen oder durchfenstert und ermöglicht einen Tageslichteinfall von oben in das Gebäude. Speziell in der Renaissance und vor allem im Barock entstanden bei Kirchen und anderen Repräsentationsbauten Kuppeln mit Laternen. Die Frauenkirche in München wurde im spätgotischen Stil begonnen und erhielt gegen 1525 – also während der Renaissance – die Bedachungen ihrer Türme in Form von »Welschen Hauben«.

Der Kölner Dom hingegen wurde im gotischen Stil erbaut und weist etliche typische Spitzbögen und Streben auf, aber keinerlei Hauben.

Als Wahrzeichen Frankfurts könnte man den Römer, die Paulskirche oder einen der modernen Wolkenkratzer bezeichnen, aber auch hier sind Hauben Fehlanzeige.

58.

Welche dieser TV-Sendungen ist die älteste?

A: Musikantenstadl

B: 1, 2 oder 3

C: Aktenzeichen XY

C: Aktenzeichen XY

Drei Fernsehformate mit unterschiedlichen Ansätzen und Zielgruppen – was war zuerst auf dem Bildschirm zu sehen?

Der Österreicher Karl Moik hatte Idee für den »Musikantenstadl« und war ab 1981 erster Moderator der Show. Hauptsächlich volkstümliche Schlagermusik präsentierte er damals aus Veranstaltungsorten in Österreich, Deutschland, der Schweiz und Südtirol. Heute lebt das Konzept in der einmal jährlich ausgestrahlten »Silvestershow mit Jörg Pilawa« weiter.

Als erste echte Kindershow im deutschen Fernsehen gilt »1, 2 oder 3«. Ab 1977 stellte darin zunächst Michael Schanze drei angetretenen Teams Fragen. Das »Plopp« und der Satz »Ob ihr wirklich richtig steht, seht ihr, wenn das Licht angeht« gelten als Markenzeichen der Sendung, die momentan von Elton moderiert wird.

Bereits 1967 wurde auf dem Bildschirm um Mithilfe bei der Aufklärung realer Verbrechen gebeten. In dem von Eduard Zimmermann entwickelten Format mit dem Titel »Aktenzeichen XY ... ungelöst« gab es Einspielfilme mit nachgestellten Handlungsabläufen zu sehen; an den Fällen beteiligte Ermittler präsentierten im Studio weitere Informationen und stellten dem Publikum Fragen. Man erhoffte sich, mithilfe der Antworten den Fall voranzubringen oder gar zu lösen. Für seinen Einsatz als »Verbrecherjäger« wurde Eduard Zimmermann mit dem Bundesverdienstkreuz ausgezeichnet. Seit 2002 ist Rudi Cerne Moderator des meist einmal monatlich ausgestrahlten True-Crime-Formats.

59.

»Der Hölle Rache kocht in meinem Herzen«, beginnt eine Arie in der Oper …?

A: Wilhelm Tell

B: Otello

C: Die Zauberflöte

C: Die Zauberflöte

»Der Hölle Rache kocht in meinem Herzen« ist erste Zeile und Titel einer Arie aus Wolfgang Amadeus Mozarts »Die Zauberflöte«, die oft einfach »Rachearie« oder »Arie der Königin der Nacht« genannt wird. Jene Königin drückt darin ihren Wunsch nach Rache an ihrem Rivalen Sarastro aus. Ihre Tochter Pamina soll Sarastro mit einem Messer ermorden, um bei ihrer Mutter nicht in Ungnade zu fallen.

Die Arie wird im zweiten Akt der Oper gesungen und wurde von Mozart mit einigen Höchstschwierigkeiten versehen. Als Extrempunkt erreicht die Melodie das dreigestrichene f. Dies ist die höchste Note, die im gängigen Opernrepertoire gesetzt wird. Außerdem kommen mehrere Koloraturen vor, schnelle Abfolgen von Tönen mit kurzen Notenwerten, die gemeinsam auf den Vokal derselben Textsilbe gesungen werden. Erste Interpretin des Stücks war bei der Uraufführung 1791 Mozarts Schwägerin Josepha Hofer. Es wird gemutmaßt, dass er ihr die Arie auf den Leib bzw. »in die Kehle« geschrieben habe, da Hofer zur damaligen Zeit als Sopranistin mit besonders beweglicher Stimme und einem ausgeprägten hohen Register galt.

Eine Version der deutschen Opernsängerin Edda Moser ist auf den Voyager Golden Records enthalten – jenen Datenplatten, die 1977 mit Bild- und Tonaufnahmen mit den Raumsonden Voyager 1 und Voyager 2 ins All geschickt wurden und unser Sonnensystem inzwischen verlassen haben.

60.

Woher kommt die Bezeichnung Puff für ein Bordell?

A: Apfelsorte

B: Brettspiel

C: Geldmünze

B: Brettspiel

Ausgangspunkt für diese Bezeichnung ist tatsächlich ein bereits in der Antike bekanntes Würfelspiel. Aus dem »Ludus duodecim scriptorum« (»Zwölflinienspiel«) der alten Römer entwickelte sich im Mittelalter das Würfelbrettspiel »Wurfzabel«. Das alte Wort Zabel bedeutet »Spielbrett« und geht wie das Wort Tafel auf das lateinisch »tabula« zurück. Wurfzabel erhielt schnell auch den Namen »Puff«, da diese Bezeichnung angeblich das Geräusch der fallenden Würfel besonders gut nachahmt. Gespielt wurde es bei vielen Gelegenheiten, so z. B. auch in Freudenhäusern, in denen sexuelle Dienstleistungen angeboten wurden. Wer diese aufsuchte, ging also zum Spielen bzw. »zum Puff«. Damit hatte sich der Begriff als Synonym für ein Bordell etabliert.

Das Wurfzabel-Spiel gilt als Vorläufer des heutigen Backgammons und als Ursprung einer bekannten Redewendung. Ziel des Spiels war es, seine Spielsteine möglichst gut zu platzieren, wem dies gelang, der hatte Aussicht auf Gewinn und Erfolg bzw. »bei jemandem einen Stein im Brett«.

61.

Rund 30 Prozent der Fläche Deutschlands besteht aus …?

A: Wasserflächen

B: Waldflächen

C: Wohngebieten

B: Waldflächen

Selbst in Finnland, dem »Land der tausend Seen«, macht die Wasserfläche nur etwa zehn Prozent des Staatsgebietes aus; in Deutschland liegt dieser Anteil bei unter drei Prozent. Etwa 15 Prozent des Fläche Deutschlands ist bebaut, wobei es sich dabei nicht nur um reine Wohnflächen handelt. Industriebauten, Straßen, Flughafengelände und andere versiegelte Flächen wie Parkplätze werden ebenfalls hierunter gefasst. Ziemlich genau die Hälfte der Fläche wird in Deutschland landwirtschaftlich genutzt, und um die 30 Prozent sind Waldgebiete. Davon befindet sich wiederum ungefähr die Hälfte in Privatbesitz, während ca. 48 Prozent dem Bund, den Bundesländern und verschiedenen Organisationen des öffentlichen Rechts gehören. Die größten Flächen nehmen in absteigender Reihenfolge Fichten, Kiefern, Buchen und Eichen ein, die insgesamt gut drei Viertel des deutschen Waldbestandes ausmachen.

62.

In welchem antiken Reich trug der mythische Begründer den gleichen Namen wie der letzte Herrscher?

A: Persien

B: Rom

C: Ägypten

B: Rom

Wahrscheinlich wandern die Gedanken der meisten sofort in das antike Rom, denn die folgenden Namen können durchaus im Schulunterricht vorgekommen sein: Romulus, der mit seinem Bruder Remus von einer Wölfin aufgezogen wurde, gilt als mythologischer Begründer Roms; Romulus Augustulus hieß bis 476 n. Chr. der letzte Kaiser des Weströmischen Reiches, in dem auch die Stadt Rom lag.

Bei den beiden anderen Alternativen ist die Situation wesentlich uneindeutiger und nicht sofort mit Schulwissen zu beantworten. Während der altägyptische König Menes meist als Gründer der 1. Dynastie in der frühdynastischen Zeit des Reiches genannt wird, ist der römische Kaiser Maximinus Daia der letzte hieroglyphisch belegte Herrscher im antiken Ägypten. Für das Perserreich könnte man Perseus als Begründer und Yazdegerd III. als letzten Großkönig vor der Eroberung durch die Araber im Jahr 651 n. Chr. nennen. In beiden Reichen sind die Einordnungen als »Erster« bzw. »Letzter« wahrscheinlich historisch diskussionswürdig, aber auch bei anderer Betrachtung findet sich jeweils keine Namensgleichheit.

63.

Womit wird beim Polo der Ball geschlagen?

A: Zaunlatte

B: Zigarre

C: Zahn

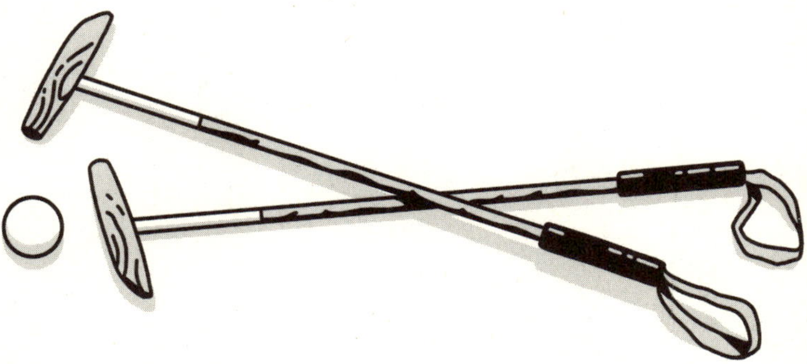

B: Zigarre

Polo ist eine in Deutschland nicht sehr weit verbreitete Mannschaftssportart zu Pferd. Ziel der reitenden vier Spieler einer Mannschaft ist es, einen ca. 130 Gramm schweren Ball aus Hartkunststoff in das gegnerische Tor zu schlagen. Genutzt wird dazu ein auch Mallet (amerikanisches Englisch) oder Stick (britisches Englisch) genannter Schläger aus Bambus, Weidenhölzern oder glasfaserverstärktem Kunststoff, der ausschließlich mit der rechten Hand genutzt werden darf (auch von Linkshändern). Am unteren Ende des Schlägers ist die Schlagfläche angebracht, die wegen ihrer Form auch als »Zigarre« bezeichnet wird.

Wie weit der Polosport in Deutschland noch in den Kinderschuhen steckt, zeigt ein Vergleich der aktiven Spieler. Während bei uns nur wenige Hundert Aktive den Sport betreiben, sind es in einigen südamerikanischen Ländern mehrere Tausende. So ist es nicht verwunderlich, dass Argentinien, Brasilien und Chile zusammen zehn der ersten elf Polo-Weltmeisterschaften seit 1987 gewinnen konnten.

64.

In welchem Land gibt es keine einzige Millionenstadt?

A: Tschechien

B: Dänemark

C: Polen

B: Dänemark

In Prag (ca. 1,3 Millionen) und Warschau (knapp 1,8 Millionen) leben weit über eine Million Menschen. Bei den Zahlen zu Kopenhagen ist darauf zu achten, ob tatsächlich die Verwaltungseinheit der »Stadt« berücksichtigt wird oder ein weiter gefasstes Gebiet, sodass noch Einwohner außerhalb des eigentlichen Stadtgebietes mit hinzugezählt werden. Der Ballungsraum rund um Kopenhagen wird nämlich mit einer Bevölkerung von mehr als 1,3 Millionen angegeben, während die Stadt Kopenhagen selbst es nur auf knapp 650 000 Einwohner bringt.

Zwei wichtige europäische Städte, bei denen der Unterschied zwischen der Stadtbevölkerung und der oft hinzugezählten Bevölkerung im Ballungsraum möglicherweise erstaunt, sind Paris und Brüssel. Die französische Hauptstadt hat »nur« 2 bis 2,5 Millionen Einwohner, während die gesamte Metropolregion mit ihren bis zu 15 Millionen gelegentlich ganz oben in den Listen der weltweit größten Städte auftaucht. In der Region Brüssel leben mehr als eine Million Menschen, wogegen die Stadt Brüssel mit ihren nicht einmal 200 000 Einwohnern selbst in Belgien nur an fünfter Stelle hinter Antwerpen, Gent, Charleroi und Lüttich liegt.

Im Ballungsraum Prag leben übrigens gut 2,5 Millionen, rund um Warschau 3,5 Millionen Menschen.

65.

Wie viele Sterne hatte die US-Flagge Anfang der 1950er-Jahre?

A: 48

B: 50

C: 52

A: 48

Die auch »Sternenbanner« oder »Stars and Stripes« genannte Flagge der Vereinigten Staaten von Amerika gibt es seit dem 18. Jahrhundert. Doch erst seit 1818 ist die Anzahl der Streifen auf genau 13 (davon sieben rot und sechs weiß) begrenzt. Sie symbolisieren die 13 Kolonien, die sich 1776 mit der Unabhängigkeitserklärung vom Königreich Großbritannien lossagten. Im linken oberen Eck der Flagge befindet sich auf blauem Untergrund für jeden Bundesstaat der USA ein weißer Stern. Mit den Beitritten von New Mexico und Arizona im Jahr 1912 stieg die Zahl der Staaten auf 48, und die Anordnung der Sterne wurde in sechs Reihen mit jeweils acht Sternen festgeschrieben. Diese Flagge mit einer rechteckig wirkenden Sternenanordnung wurde während der beiden Weltkriege gehisst und müsste demnach auch in sämtlichen Filmen, die diese Zeiten thematisieren, zu sehen sein. Doch es gibt ein prominentes Beispiel dafür, dass dies nicht immer der Fall war: In dem Kriegsfilm »Windtalkers«, der im Zweiten Weltkrieg spielt, wurde im Jahr 2002 eine heute aktuelle Flagge mit 50 Sternen verwendet. Diese Version gibt es aber erst seit dem Unabhängigkeitstag am 4. Juli 1960, nachdem Alaska und Hawaii 1959 als bislang letzte Territorien zu Bundesstaaten der USA erklärt worden waren.

Flaggen mit bis zu 57 Sternen sind momentan in Planung; ein neuer Bundesstaat würde jeweils am 4. Juli nach seiner Aufnahme mit einem neuen Stern berücksichtigt werden.

66.

Mit welchem deutschen Sportstar war »MacGyver« Richard Dean Anderson wenige Monate liiert?

A: Katarina Witt

B: Franziska van Almsick

C: Steffi Graf

A: Katarina Witt

Die Verbindung zwischen Sportstars und Promis aus anderen Gebieten ist für die einschlägigen Medien oft eine besondere Erwähnung wert, sodass die Beziehung zwischen Witt und Anderson auch heute immer noch in Rubriken wie »Sie waren mal zusammen!« auftaucht.

Viele gesicherte Informationen gibt es nicht, aber im Jahr 1992 trafen sich Richard Dean Anderson und Katarina Witt zufällig in einem Hotel in Nordamerika, und die Geschichte nahm ihren Lauf. Doch nach ein paar Monaten war wieder Schluss, sodass die Boulevardpresse auf die Schlagzeile »Eis-Prinzessin heiratet MacGyver« verzichten musste.

Als wahrscheinlich prominenteste Partner der beiden anderen Sportlerinnen sind Steffi Grafs Ehemann Andre Agassi und Handballer Stefan Kretzschmar, mit dem Franziska van Almsick eine vierjährige Beziehung führte, zu nennen.

67.

Welcher Monat hieß bis 8 vor Christus »Sextilis«, weil er der sechste Monat des altrömischen Kalenders war?

A: Juni

B: Juli

C: August

C: August

Hier hilft ein Blick auf unseren heutigen Kalender. Die Namen der Monate September, Oktober, November und Dezember gehen auf die lateinischen Wörter für die Zahlen sieben bis zehn (septem, octo, novem, decem) zurück, somit muss z. B. der November im altrömischen Kalender der neunte Monat gewesen sein. Dies bedeutet, dass der sechste Monat direkt vor dem September lag und damit unserem heutigen August entsprach. Im Jahr 153 v. Chr. verlegten die Römer jedoch den Beginn des Amtsjahres vom 1. März auf den 1. Januar, den Tag des Amtsantritts neuer Konsuln. Mit der Einführung des julianischen Kalenders durch Julius Caesar zog auch das Kalenderjahr nach und begann wie das Amtsjahr am 1. Januar. Damit hatten die »Zählmonate« die ihrem Namen entsprechende Position im Verlauf eines Jahres verloren. Der frühere »Sextilis« erhielt schließlich zu Ehren von Augustus, dem ersten römischen Kaiser, im Jahr 8 v. Chr. seinen heutigen Namen August.

68.

Was wurde laut Überlieferung in der Bundeslade aufbewahrt?

A: Die Heilige Lanze

B: Der Heilige Gral

C: Die Zehn Gebote

C: Die Zehn Gebote

Die Bundeslade (oder auch Bundestruhe) war ein heiliger Kultgegenstand der Israeliten, der gemäß der Tora nach göttlicher Anweisung entworfen und hergestellt wurde. Bis heute gilt sie als Symbol für den Bund Gottes mit dem Volk Israel. Nach Beschreibungen im zweiten Buch Mose war sie aus Holz gefertigt und innen und außen mit Gold überzogen. Als mögliche Inhalte werden an verschiedenen biblischen Stellen drei Dinge genannt: ein Krug mit der himmlischen Speise Manna, der aus einem Mandelbaum gefertigte Stab von Moses Bruder Aaron sowie das »Zeugnis«, das Gott Mose gab. Damit sind in jüdischer Tradition die beiden steinernen Tafeln mit den Zehn Geboten gemeint, die Mose von Gott erhielt.

Einen archäologischen Nachweis für die Existenz der Bundeslade gibt es nicht. Eingang in die Popkultur fand die Lade durch Steven Spielbergs Abenteuerfilm »Jäger des verlorenen Schatzes«. Darin versuchen nationalsozialistische Forscher in den Besitz der Lade zu kommen, um ihre angebliche »unendliche Macht« für militärische Zwecke zu nutzen. Im Film ist die Suche erfolgreich, und es sterben alle, die bei der Öffnung der Lade zuschauen; dies korrespondiert mit der biblischen Überlieferung, dass jede unbefugte Berührung des Heiligtums ein Sakrileg darstellt, welches den Tod des Frevlers zur Folge hat.

69.

Womit erfüllte sich Arnold Schwarzenegger im September 2017 in Passau einen Kindheitstraum?

A: Fassanstich

B: Puppenspiel

C: Orgelkonzert

C: Orgelkonzert

Alle drei Dinge kann man sich als »Kindheitstraum« vorstellen, und Arnold Schwarzenegger als Person liefert keinen eindeutigen Hinweis in irgendeine Richtung. Daher mag eine Annäherung an die richtige Antwort über die Stadt Passau zielführend sein. Vielen ist die niederbayrische Stadt am Zusammenfluss von Donau, Inn und Ilz als »Dreiflüssestadt« bekannt, aber sie hat auch einen wahrscheinlich nicht so bekannten Rekord zu bieten: Im Passauer Dom St. Stephan, der den größten barocken Kirchenraum nördlich der Alpen besitzt, wurde zwischen 1978 und 1993 die weltweit größte Domorgel gebaut. Diese besitzt 233 Register und fast 18 000 Pfeifen.

Im Jahr 2017 konnte Arnold Schwarzenegger bei einem Besuch des Doms nicht nur einem Konzert der Orgel lauschen, sondern durfte auch nach einer kurzen Einweisung selbst in die Tasten hauen. Der »Terminator« erfüllte sich damit nach eigenen Angaben »einen Kindheitstraum« und freute sich wie der sprichwörtliche kleine Schuljunge.

70.

Wem wird der Ausspruch »Alle reden vom Wetter, aber keiner unternimmt was dagegen« zugeschrieben?

A: Greta Thunberg

B: Sven Plöger

C: Karl Valentin

C: Karl Valentin

Eines der beliebtesten und unverfänglichsten Themen beim Small Talk ist sicherlich das Wetter. Jeder erlebt es täglich und hat zu bestimmten Wetterlagen eine Meinung; schwierige inhaltliche Auseinandersetzungen mit Gesprächspartnerinnen und -partnern sind kaum zu erwarten. Die Bemerkung »Alle reden vom Wetter, aber keiner unternimmt was dagegen« fasst diese Grundstimmung pointiert zusammen. Aber von wem stammt dieser Satz eigentlich ursprünglich?

Zu Greta Thunberg und dem aus dem Fernsehen bekannten Meteorologen Sven Plöger würde er inhaltlich sehr gut passen, aber er ist wesentlich älter. Wahrscheinlich kam er erstmals dem US-amerikanischen Journalisten Charles Dudley Warner über die Lippen, der von 1829 bis 1900 lebte. Er war ein Freund und Kollege des wesentlich prominenteren Schriftstellers Mark Twain, dem im englischen Sprachraum deshalb der Satz meist zugeschrieben wird. Bei uns wird eher der bayerische Komiker Karl Valentin als Urheber angegeben. Zumindest bezeugt der Satz genau Valentins Humor und wurde von ihm mehrfach genutzt.

71.

Welches Kleidungsstück hat am 21. Januar einen eigenen Feiertag?

A: Wollsocke

B: Jogginghose

C: Lederschuh

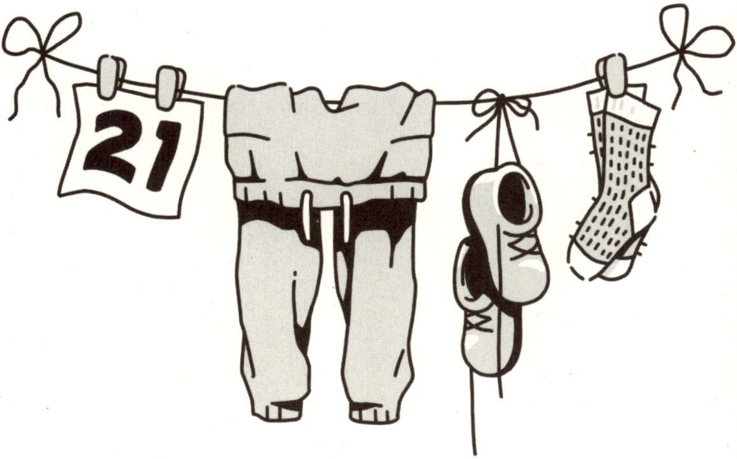

B: Jogginghose

Der Jogginghose einen eigenen Feiertag zuzusprechen geht auf eine Aktion von vier Grazer Gymnasiasten zurück. Im Jahr 2009 kamen sie in der Faschingszeit in Jogginghose in den Unterricht und erstellten im Folgejahr am selben Datum (21. Januar) den internationalen Jogginghosentag als Veranstaltung auf Facebook. Bereits 2011 hatte die virtuelle Veranstaltung über 600 000 Teilnehmer, und die Tradition war geboren. Ob der Tag gewählt wurde, weil an diesem Datum seit 1986 auch der »Weltknuddeltag« begangen wird, ist nicht bekannt – passend wäre es vielleicht.

Karl Lagerfeld äußerte einst das vernichtende Urteil: »Wer eine Jogginghose trägt, hat die Kontrolle über sein Leben verloren.« Diese Einschätzung wurde mittlerweile durch eine einflussreiche Vertreterin der Modewelt relativiert. Im April 2020 meldete sich Stilikone und »Vogue«-Chefin Anna Wintour aus dem Homeoffice in den sozialen Netzwerken und trug dabei eine rote Jogginghose mit weißen Seitenstreifen.

Internationale Tage für den Lederschuh oder die Wollsocke gibt es noch nicht, aber der 9. Mai steht seit 1998 im Zeichen eines ungelösten Alltagsmysteriums. An diesem Datum ist der internationale Tag der verlorenen Socke.

72.

Beim Spielen welches Instruments kann ein Kapodaster benutzt werden?

A: Trompete

B: Gitarre

C: Saxofon

B: Gitarre

Der Begriff Kapodaster stammt vom italienischen Wort »capotasto« ab, was mit »Hauptbund« übersetzt werden kann. Es handelt sich dabei um eine bewegliche Vorrichtung, die um den Hals eines Saiteninstruments gespannt wird, um die schwingende Länge der Saiten zu verkürzen. Beim Spielen einer Gitarre wird der Kapodaster beispielsweise genutzt, um das Instrument einer Gesangsstimme anzupassen. Der Klang der Gitarre wird durch die Saitenverkürzung höher, und es ist keine Transponierung in eine geeignetere Zieltonart mit möglicherweise schwierigerem Fingersatz notwendig.

Gelegentlich hat der Kapodaster den Ruf, ein Hilfsmittel für Gitarristen zu sein, die bestimmte schwierige Grifftechniken nicht beherrschen, mit denen dieselbe Wirkung erzielt werden kann. Dennoch gibt es Effekte, die ohne seinen Einsatz nicht erzeugt werden können, sodass auch anerkannte Virtuosen wie Rolling-Stones-Gitarrist Keith Richards gelegentlich darauf zurückgreifen.

Eine besondere Form des Kapodasters, die sogenannte Cejilla, wird für die spanische Flamenco-Musik verwendet.

73.

Wie heißt eine Gedichtform?

A: Elfchen

B: Feechen

C: Trollchen

A: Elfchen

Wer sich mit Gedichtinterpretationen in der Schulzeit nicht anfreunden konnte, findet vielleicht Gefallen am Schreiben eigener Werke. Ein Gedicht in einer vorgegebenen Form – und daher leicht zu schreiben – wurde in den 1980er-Jahren in den Niederlanden entwickelt und 1988 bei einem Workshop für kreatives Schreiben deutschen Pädagoginnen und Pädagogen bekannt gemacht. Der Name »Elfchen« bezieht sich dabei aber nicht auf ein Fabelwesen, sondern auf die Anzahl der Wörter in solch einem Gedicht (elf). Typischerweise besteht ein Elfchen aus fünf Zeilen mit nacheinander einem, zwei, drei, vier und erneut einem Wort bzw. Wörtern. Dabei sollen die Zeilen zwei bis fünf das in Zeile eins genannte Wort unter Berücksichtigung von Fragestellungen wie »Was macht das Wort aus Zeile 1?« oder »Was meinst du?« untersuchen. Die Form kann genutzt werden, um den Umgang mit Sprache zu vertiefen oder um in einem Brainstorming-Prozess kreative Gedanken zu einem Thema zu entwickeln. Ein zu diesem Buch passendes Elfchen könnte z. B. lauten:

Frage
Gesuchter Fakt
Hinweise sind verschlüsselt
Kreatives Denken bringt Erfolg
Antwort

74.

Die Synchronstimme welcher Schauspielerin spricht seit 2014 den Satz »Hier ist das Erste Deutsche Fernsehen mit der Tagesschau«?

A: Angelina Jolie

B: Julia Roberts

C: Scarlett Johansson

A: Angelina Jolie

Claudia Urbschat-Mingues aus Hilden gehört seit den 2000er-Jahren zu den meistbesetzten weiblichen Stimmen Deutschlands. Sie spricht Hörbücher und Hörspiele ein, ist Sprecherin von Dokumentationen und Redaktionsbeiträgen diverser TV-Sender und begrüßt allabendlich das Publikum um 20 Uhr zur »Tagesschau«. Sie synchronisiert Olivia Williams im Film »The Sixth Sense«, die dort die Ehefrau von Bruce Willis spielt, und gibt ihre Stimme dem Batmobil in den Streifen »Batman Begins« (2005) und »The Dark Night« (2008). In Spielfilmen ist sie aktuell Stammbesetzung für die Synchronisation einiger Schauspielerinnen, dazu zählen Maria Bello, Rosario Dawson, Jennifer Connelly, Jada Pinkett Smith, Vera Farmiga und seit dem Film »Durchgeknallt« aus dem Jahr 1999 auch Angelina Jolie.

Wer also das Gefühl hat, von Evelyn Salt oder der bösen Fee Maleficent zur Tagesschau begrüßt zu werden, hat sich nicht verhört. Und wer ganz genau hinhört und jetzt etwas irritiert ist, kann beruhigt werden: Als Lara Croft (2001 und 2003) und Mrs. Smith (2005) wird Angelina Jolie nicht von Claudia Urbschat-Mingues, sondern von Marion von Stengel gesprochen.

75.

Wenn es in Deutschland im Winter 12:00 Uhr ist, ist es in Burundi ...?

A: 6:00 Uhr

B: 13:00 Uhr

C: 17:00 Uhr

B: 13:00 Uhr

Entscheidend für die korrekte Beantwortung dieser Frage ist die Zuordnung Burundis zum richtigen Kontinent. Es handelt sich bei Burundi um einen Binnenstaat in Ostafrika, der an Ruanda, Tansania und die Demokratische Republik Kongo grenzt. Seine mehr als 6000 Kilometer Entfernung zu Deutschland in Nord-Süd-Richtung haben keine Auswirkung auf einen Zeitunterschied, lediglich die Verschiebung in Ost-West-Richtung spielt hierfür eine Rolle. Burundi liegt direkt südlich von z. B. Ägypten und der Türkei – wer in einem der beiden Länder schon einmal den Urlaub verbracht hat, wird sich wahrscheinlich daran erinnern, welche Umstellung der Uhr während des Fluges notwendig war: eine Stunde vorstellen beim Hinflug und eine Stunde zurück bei der Rückkehr. Trotz der Entfernung beträgt der Zeitunterschied also auch zu Burundi nur eine Stunde.

76.

Wo fahren Elektrokarren mit dem Unterscheidungskennzeichen »AG«?

A: Helgoland

B: Garzweiler

C: Spreewald

A: Helgoland

Normalerweise ist bei einem deutschen Kfz-Kennzeichen das am Anfang stehende Unterscheidungskennzeichen, das aus einem, zwei oder drei Buchstaben bestehen kann, ein guter Anhaltspunkt für den Zulassungsort. Einige erschließen sich leicht (B = Berlin, K = Köln, M = München, aber auch LEV = Leverkusen). Einige Besonderheiten verinnerlicht man wiederum schnell (HH = Hansestadt Hamburg, HB = Hansestadt Bremen oder HRO = Hansestadt Rostock), und andere zunächst kryptisch wirkende Kürzel verraten ihre Herkunft auf den zweiten Blick (z. B. TDO = Landkreis Nordsachsen mit den Kommunen Torgau, Delitzsch und Oschatz, LDK = Lahn-Dill-Kreis in Hessen oder WUG = Landkreis Weißenburg-Gunzenhausen in Bayern).

Anders verhält es sich mit dem Unterscheidungskennzeichen AG, das nur an bestimmte Elektrokarren vergeben wird. Diese Gefährte erhalten eine Ausnahme-Genehmigung und dürfen auf der grundsätzlich autofreien Insel Helgoland verkehren, was ansonsten nur Fahrzeugen von Rettungsdienst, Feuerwehr und Polizei erlaubt ist. Die rund 150 Elektrokarren auf der Insel werden zum Transport des Gepäcks von Übernachtungsgästen und für den Warentransport der ansässigen Geschäfte genutzt.

77.

Welche physikalische Einheit wurde nach einem italienischen Grafen benannt?

A: Volt

B: Ampere

C: Ohm

A: Volt

Viele physikalische Einheiten wurden nach Personen benannt, die entscheidend an der Entdeckung von Gesetzmäßigkeiten in ihrem Umfeld beteiligt waren. Bei den Auswahlmöglichkeiten oben befinden wir uns in der Elektrizitätslehre; die drei genannten Einheiten stehen für die Größen des Ohmschen Gesetzes, das fester Bestandteil des Schulunterrichts im Fach Physik ist.

Der deutsche Physiker Georg Simon Ohm konnte im 19. Jahrhundert als Erster den proportionalen Zusammenhang zwischen elektrischer Spannung und elektrischer Stromstärke erklären. Die daraus resultierende Größe ist der elektrische Widerstand, der ihm zu Ehren in der Einheit Ohm angegeben wird.

Die Einheit der elektrischen Stromstärke ist Ampere, was auf den französischen Physiker André-Marie Ampère zurückgeht, dem um 1800 viele Entdeckungen im Bereich der Elektrodynamik gelangen.

Der Italiener Alessandro Volta gilt als Erfinder der elektrischen Batterie sowie Begründer der Elektrizitätslehre. Bereits zu Lebzeiten, im Jahr 1810, wurde er wegen seiner wissenschaftlichen Leistungen von Napoleon Bonaparte in den Adelsstand erhoben und hieß seitdem Graf von Volta. Seit dem Ende des 19. Jahrhunderts wird die elektrische Spannung international einheitlich in Volt angegeben.

78.

Was stellt die Skulptur »Non Violence« vor dem Berliner Kanzleramt dar?

A: zertretene Bombe

B: verknoteter Revolver

C: rostiges Messer

B: verknoteter Revolver

Die Bronze-Skulptur mit dem Titel »Non Violence« stammt vom schwedischen Bildhauer Carl Fredrik Reuterswärd und ist vermutlich seine bekannteste Arbeit. Der Tod seines Freundes John Lennon inspirierte ihn zu dem Werk, das einen Revolver mit verknotetem Lauf darstellt. Es gibt drei Original-Skulpturen mit jeweils leicht verändertem Lauf; diese stehen in Malmö, in Luxemburg und vor dem UN-Hauptgebäude in New York, wo die Skulptur 1988 als ein Geschenk des Großherzogtums Luxemburg an die Vereinten Nationen installiert wurde. Im Laufe der Jahre folgten weitere Versionen in verschiedenen schwedischen Städten, in Metropolen wie Peking, Kapstadt und Mexiko-Stadt, aber auch im westfälischen Marl, wo der Lauf der Waffe sogar zwei statt eines Knoten enthält. Insgesamt gibt es weltweit inzwischen über 30 Versionen der Skulptur; eine davon steht seit 2005 auch im Garten des Bundeskanzleramts in Berlin. Der damalige Bundeskanzler Gerhard Schröder bekam sie vom Künstler selbst geschenkt und ließ sie auf dessen Wunsch dort aufstellen.

79.

Zu den Makaronesischen Inseln gehört ...?

A: Madeira

B: Elba

C: Java

A: Madeira

Wahrscheinlich waren viele schon einmal auf den Makaronesischen Inseln im Urlaub, ohne sich dessen bewusst zu sein. Es handelt sich um fünf im östlichen Zentralatlantik liegende Inselgruppen vulkanischen Ursprungs, die hinsichtlich ihrer Tier- und Pflanzenwelt starke Gemeinsamkeiten aufweisen. Im Einzelnen sind dies die zu Portugal gehörenden Archipele Azoren, Madeira und Sebaldinen, die spanischen Kanaren und die selbstständigen Kapverden. Der Begriff »makaronesisch« wurde vom griechischen Wort für selig/glückselig abgeleitet, da im antiken Griechenland die jenseits des Mittelmeeres gelegenen Inseln als »makáron nḗsoi«, also als »Inseln der Glückseligen« bezeichnet wurden.

Teilweise wird für das Gebiet in der Literatur irrtümlich der Begriff »Makronesien« verwendet, der »Weite Inseln« bedeutet. Hierbei handelt es sich jedoch um einen fiktiven Staat in der Science-Fiction-Serie »seaQuest DSV«.

80.

Was ist ein Teilgebiet der Philosophie?

A: Ontologie

B: Onkologie

C: Önologie

A: Ontologie

Was ist der Sinn des Lebens? Gibt es einen Gott? Was ist »gut« und was ist »böse«? Besitzt der Mensch eine unsterbliche Seele?

Fragen wie diese können die exakten (Natur-)Wissenschaften nicht beantworten. Die inhaltliche Auseinandersetzung damit ist Gegenstand einer Disziplin, deren Fachbezeichnung als »Liebe zur Weisheit« übersetzt werden kann, der Philosophie. Eine Unterdisziplin davon ist die sogenannte Ontologie (= Lehre vom Seienden), die sich mit der Einteilung des Seienden und den Grundstrukturen der Wirklichkeit befasst. Dabei wird sie manchmal mit der Systemtheorie oder der Kybernetik verglichen, wobei bei diesen eher dynamische und quantitative Aspekte im Vordergrund stehen. Obwohl der Begriff der Ontologie in der Antike noch nicht gebraucht wurde, entstand damals einer der bekanntesten ontologischen Erklärungsversuche unseres Daseins. Dem Philosophen Heraklit aus Ephesos wird die Erkenntnis »panta rhei« zugesprochen, was so viel bedeutet wie »alles fließt«.

Die Onkologie ist eine medizinische Wissenschaft, die sich mit Geschwulsterkrankungen – insbesondere Krebs – befasst, und für Önologen steht der Wein im Zentrum ihrer Forschung.

81.

Der erste Webserver der Geschichte hatte den Domainnamen …?

A: world.wide.web

B: net.MIT.com

C: info.cern.ch

C: info.cern.ch

Das Surfen im Internet ist für uns ein alltäglicher Vorgang geworden. Nur bei gelegentlich auftretenden Störungen müssen wir uns mit den technischen Voraussetzungen beschäftigen. Das war vor gut drei Jahrzehnten noch ganz anders. Der britische Physiker Tim Berners-Lee trieb ab 1989 ein Projekt voran, das den Informationsaustausch zwischen verschiedenen Forschungseinrichtungen verbessern sollte. Dabei entwickelte er u. a. das Transferprotokoll HTTP, die Seitenbeschreibungssprache HTML und die Idee des »World Wide Web«. Weihnachten 1990 schließlich nahm er auf dem Webserver des CERN in der Schweiz die erste Webpräsenz der Geschichte in Betrieb. Der Webserver hatte den kryptischen Namen »CERN httpd« und die Präsenz die Adresse »info.cern.ch«. Der Inhalt der allerersten Seite kann neben anderen Informationen heute immer noch unter »info.cern.ch« angesehen werden. Als Rechner nutzte Berners-Lee ein Gerät des Unternehmens NeXT, das Steve Jobs 1985 nach seinem zwischenzeitlichen Ausstieg bei Apple gegründet hatte. Auf dem Gehäuse brachte er einen Zettel an, auf dem zu lesen war: »This machine is a server. DO NOT POWER IT DOWN!!« (Diese Maschine ist ein Server. NICHT AUSSCHALTEN!!).

82.

In welcher Serie nennt jemand die 73 »die beste Zahl« – und Wissenschaftler bewiesen: Sie ist tatsächlich einzigartig?

A: Dr. House

B: Sex and the City

C: The Big Bang Theory

C: The Big Bang Theory

Und los geht's mit den mathematischen Auffälligkeiten: Die 73 ist die 21. Primzahl, ihre Spiegelzahl – die 37 – ist die 12. Primzahl. Deren Spiegelzahl wiederum – die 21 – ist das Produkt der Multiplikation von 7 und 3. Außerdem wird die 73 im binären Zahlensystem als 1001001 geschrieben und ist somit ein binäres Zahlenpalindrom, da es vorwärts wie rückwärts gleich lautet. Der Morsecode der Zahl ––··· ···–– ist ebenfalls spiegel- bzw. punktsymmetrisch und kann als Symmetrie akustisch wahrgenommen werden.

Mathematiker konnten inzwischen nachweisen, dass die 73 tatsächlich die einzige Primzahl mit allen diesen Eigenschaften ist. Zu Ehren von Dr. Sheldon Cooper, der in der 73. Folge der Serie »The Big Bang Theory« seine Faszination für die 73 erläutert, wird die Zahl auch »Sheldon-Primzahl« genannt. In der Serie kommt er zudem zu der Schlussfolgerung, dass selbst der eigentlich unbesiegbare Chuck Norris chancenlos gegen die 73 wäre. Denn anders als die binäre Darstellung 1001001 ist »Chuck Norris« kein Palindrom. Jim Parsons, der Sheldon Cooper in der Serie spielt, wurde übrigens 1973 geboren und war bei der Erstausstrahlung der Folge 37 Jahre alt ...

83.

Bei der Hochzeit von William und Kate Middleton trug Prinzessin Beatrice einen als »Brezel« und »Klobrille« verspotteten …?

A: Fascinator

B: Hypnotizer

C: Stimulator

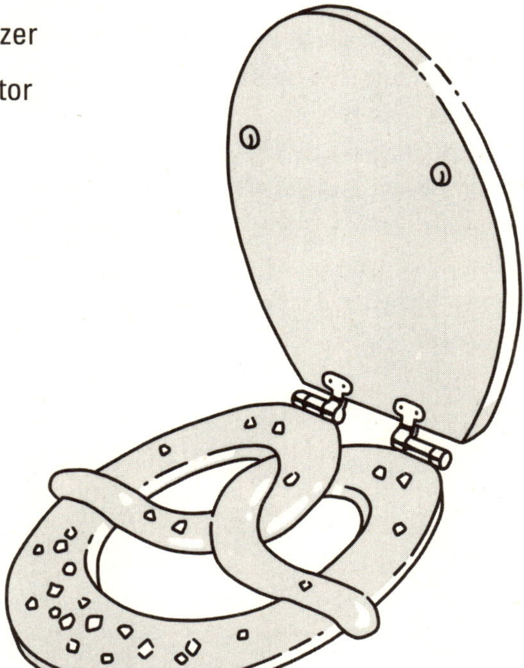

A: Fascinator

Eines *der* Medienereignisse des Jahres 2011 war die royale Hochzeit von Prinz William und Catherine »Kate« Middleton. Nicht nur Kates Schwester Philippa (genannt Pippa) erhielt von den Medien während der Trauung große Aufmerksamkeit, auch eine besondere Form des festlichen Kopfschmucks wurde durch die Berichterstattung in Deutschland bekannt.

Viele weibliche Hochzeitsgäste trugen keinen klassischen Hut, sondern ein Accessoire mit rein dekorativer Wirkung, das den Blick auf den Kopf und oft auch auf die Frisur der Trägerin lenkt, den sogenannten Fascinator. Der Name leitet sich vom lateinischen Verb »fascinare« ab, was so viel bedeutet wie »verzaubern« oder »in den Bann ziehen« und somit gut beschreibt, was der Kopfschmuck leisten soll.

Besonderes Aufsehen erregte der Fascinator von Prinzessin Beatrice, den die *New York Times* zu den »75 Dingen, über die New Yorker 2011 sprachen« rechnete. Beatrice nutzte das öffentliche Interesse an ihrem Kopfschmuck und versteigerte ihn zugunsten eines wohltätigen Zwecks für 99 000 Euro.

84.

Welches Gebäude ist symbolische 1776 Fuß hoch?

A: Burj Khalifa

B: Taipei 101

C: One World Trade Center

C: One World Trade Center

Ein Fuß im angloamerikanischen Maßsystem entspricht genau 30,48 Zentimetern. Für eine näherungsweise Überschlagsrechnung bietet sich daher die Faustregel »1 Meter sind ca. 3 Fuß plus 10 %« an; es wird also ein Gebäude mit einer Höhe von gerundet 1800 : 3 – 10 % Metern = 600 – 60 Metern = 540 Metern gesucht.

Der Burj Khalifa in Dubai ist mit seinen 828 Metern (= 2717 Fuß) noch immer der höchste Wolkenkratzer der Erde. Bereits während der Bauphase löste er das Taipei 101, das es auf »nur« 508 Meter Höhe (= 1667 Fuß) bringt, an der Spitzenposition ab.

Zu den Bauwerken, die sich mit ihrer Höhe zwischen diese beiden Rekordhalter geschoben haben, gehört das 2014 neu eröffnete One World Trade Center in New York. Dieses wurde direkt neben dem ehemaligen Standort des World Trade Centers errichtet, das bei den Terroranschlägen des 11. September 2001 zerstört wurde. Seine Höhe beträgt 541,32 Meter, was genau 1776 Fuß entspricht und sich auf das Jahr der Unabhängigkeitserklärung der Vereinigten Staaten bezieht.

85.

Was wächst im heimischen Garten?

A: Mönchspfeffer

B: Nonnenfürzchen

C: Bischofsmais

A: Mönchspfeffer

Bezeichnungen, die kirchliche Ämter und Würdenträger oder andere religiöse Begriffe enthalten, gibt es in vielen Fachgebieten.

»Nonnenfürzchen« bzw. »Nonnenfürzlein« ist die Bezeichnung für ein Schmalzgebäck im süddeutschen Raum. Die genaue Herkunft des Begriffs ist ungeklärt; bereits im Wörterbuch der Brüder Grimm werden die Nonnenfürzlein als »ein in nonnenklöstern übliches pfeffernuszartiges gebäck« beschrieben, wobei das Wort auf das französische »farce« (Füllung) zurückgeführt wird. Inzwischen wird aber auch in Erwägung gezogen, dass die Bezeichnung »Furz« wegen des luftigen Brandteiges entstanden sei.

Bei Bischofsmais handelt es sich um einen Erholungsort im Bayerischen Wald. Im Mittelalter wurde im Auftrag des Bischofs von Passau an ebendiesem Ort der Wald gerodet. Die dabei genutzte Form der Rodung wurde als »maizzen« bezeichnet, woraus sich der Name des erstmals 1136 erwähnten Ortes entwickelte.

Der in der Naturheilkunde genutzte Mönchspfeffer wird umgangssprachlich auch Keuschbaum, Keuschlamm oder Liebfrauenbettstroh genannt, weil im Mittelalter angenommen wurde, dass er den Geschlechtstrieb hemmt. Der Pflanze wird eine hormonregulierende, entkrampfende und schmerzlindernde Wirkung bescheinigt; medizinisch anerkannt ist sie zur Behandlung von Beschwerden bei der Regelblutung.

86.

Was geht auf den Amerikaner Christopher Latham Sholes zurück, der von 1819 bis 1890 lebte?

A: Countdown 10–1

B: SOS

C: QWERTY

C: QWERTY

Christopher Latham Sholes arbeitete als Journalist und Buchdrucker und führte diese beiden Betätigungsfelder zu einer Erfindung zusammen, die viele heute täglich vor Augen haben. Wie andere Erfinder seiner Zeit beschäftigte er sich mit der Konstruktion von Schreibmaschinen, widmete sich dabei aber einem besonderen Problem. Das Tastatur-Layout dieser Maschinen orientierte sich zunächst an der Reihenfolge der Buchstaben im Alphabet. Dies führte dazu, dass Buchstaben oft ungünstig nebeneinanderlagen, wodurch sich die Hebel, mit denen die Buchstaben aufs Papier gebracht wurden, häufig verhakten. Sholes wollte dies minimieren und platzierte häufig zusammen auftretende Buchstaben auf möglichst entfernt voneinander angeordneten Hebeln. In der ersten Buchstabenreihe der Tastatur ergab sich so die Reihenfolge Q – W – E – R – T – Y, weshalb sie den Namen »QWERTY«-Tastatur erhielt. Im englischen Sprachraum ist diese Tastaturbelegung heute der Standard, während es in anderen Sprachgebieten leichte Abweichungen gibt. Ein Blick auf die Computertastatur zeigt im deutschen Sprachraum die »QWERTZ«-Tastatur und im französischen Sprachraum die »AZERTY«-Variante.

Auf SOS als Notsignal fiel die Wahl zu Beginn des 20. Jahrhunderts, da der Morsecode dieser Buchstabenkombination besonders prägnant ist (drei lang, drei kurz, drei lang). Der Countdown 10–1 wurde erstmals 1929 im Science-Fiction-Film »Frau im Mond« von Fritz Lang verwendet.

87.

Welche Frühlingsblume wird alljährlich in Husum mit einem Volksfest gefeiert?

A: Narzisse

B: Krokus

C: Primel

B: Krokus

»Du graue Stadt am Meer« – seit Theodor Storms Gedicht »Die Stadt« über seinen Heimatort haftet Husum dieses Etikett an. Doch es gibt dort auch einen überregional bekannten Farbtupfer. Jedes Jahr im Frühling blühen im Park des Schlosses vor Husum auf 50 000 Quadratmetern ca. vier Millionen lilafarbene Krokusse. Das einzige Vorkommen der Pflanzen in dieser Menge im nördlichen Europa wird auch »Blütenwunder des Nordens« genannt. Die Pflanzen stehen dort seit über 300 Jahren und können wegen des wintermilden Klimas durch die Nähe zur Nordsee auch ohne menschlichen Einfluss überleben. Der eigentliche Grund und die genaue Zeit der Anpflanzung der Krokusse sind unbekannt. Es existieren lediglich zwei nicht belegbare Theorien, die auf die jeweiligen Bewohner des Ortes zurückgehen. Im 15. und 16. Jahrhundert stand an der Stelle des heutigen Schlosses ein Kloster; die Mönche könnten die violetten Krokusse zum Färben von liturgischen Gewändern genutzt haben. Und im 17. Jahrhundert könnte der Anbau von Safran für die Küche der Herzogin Maria Elisabeth, der Gemahlin von Herzog Friedrich III. von Schleswig-Holstein-Gottorf, im Vordergrund gestanden haben. Für beide Zwecke hätte allerdings Crocus sativus angepflanzt werden müssen und nicht der im Schlosspark zu bewundernde Crocus napolitanus.

88.

Die Filme »Shining«, »Pretty Woman« und »Lost in Translation« spielen alle zu einem großen Teil ...?

A: auf einem Schiff

B: in Europa

C: in einem Hotel

C: in einem Hotel

Die drei genannten Filme sind erfolgreiche Vertreter unterschiedlicher Genres, die alle ihr eigenes Publikum anziehen. Zur Beantwortung der Frage muss man aber nicht alle drei Werke gesehen haben, ein fundierter Überblick über die Handlung reicht aus.

Während »Shining« und »Pretty Woman« in Nordamerika spielen, verschlägt es Bill Murray in »Lost in Translation« als alternden Filmstar nach Tokio. Dort soll er eine Whiskey-Werbung drehen und trifft an der Bar seines Hotels die junge Ehefrau eines Boulevard-Fotografen. In »Shining« begleitet der Zuschauer eine Familie um Jack Nicholson als Hausverwalter in das in den Bergen gelegene Overlook-Hotel, wo unheimliche Dinge geschehen. In »Pretty Woman« schließlich entwickelt sich die Liebesgeschichte zwischen Julia Roberts und Richard Gere während eines einwöchigen Aufenthalts in der Präsidentensuite des Hotels Beverly Wilshire in Beverly Hills.

89.

In welcher Stadt lief die legendäre RMS Titanic vom Stapel?

A: Southampton

B: Liverpool

C: Belfast

C: Belfast

Viele Details über die 1912 gesunkene Titanic und ihre einzige große Fahrt sind durch unzählige Veröffentlichungen bekannt geworden. Doch wo begann eigentlich die Geschichte des zum Zeitpunkt der Indienststellung größten Schiffs der Welt?

Um die beiden Turbinenschiffe Mauretania und Lusitania der konkurrierenden Cunard Line zu übertrumpfen, plante die Reederei White Star Line ab Frühjahr 1907 den Bau von drei großen Schiffen für den Liniendienst im Nordatlantik. Diese sollten eine bis dahin nicht erreichte Größe von 45 000 Bruttoregistertonnen (BRT) haben und die Namen Olympic, Titanic und Britannic tragen. Am 1. August 1908 ging der Auftrag zum Bau an die Werft Harland & Wolff in Belfast, wo zunächst mit der Olympic begonnen wurde und am 31. März 1909 die Kiellegung der Titanic stattfand. Diese wurde am 2. April 1912 in Dienst gestellt und unternahm einige Probefahrten im Meer vor Belfast. Danach fuhr sie bis ins südenglische Southampton, wo am 10. April 1912 ihre verhängnisvolle Jungfernfahrt begann. Der »Heimathafen« der Titanic war am Hauptsitz der White Star Line in Liverpool, dort ist das Schiff aber nie gewesen.

90.

Hypoglykämie wird umgangssprachlich bezeichnet als …?

A: Krampfader

B: Keuchhusten

C: Unterzuckerung

C: Unterzuckerung

Bei medizinischen Fachbegriffen können Kenntnisse in Latein und Griechisch oft weiterhelfen. Grob unterteilt haben anatomische Bezeichnungen meist einen lateinischen Ursprung, während das Griechische genutzt wird, um Krankheiten und ihre Symptome zu beschreiben.

Der Begriff »Hypoglykämie« lässt sich zunächst in zwei Bestandteile aufteilen: die »Glykämie« und die Vorsilbe »hypo«. »Glykämie« wird aus den altgriechischen Wörtern für süß (= glykys) und Blut (= haima) gebildet. Der Ausdruck steht also für das Vorkommen von Süße bzw. Zucker im menschlichen Blut(-kreislauf). Andere bekannte Wörter, die sich auf diese beiden Vokabeln zurückführen lassen, sind z. B. Glukose bzw. Hämatom und Hämoglobin.

Die Vorsilbe »hypo« steht im Gegensatz zum ähnlich lautenden Präfix »hyper«. Dieses bedeutet so viel wie »über« und verstärkt den nachgestellten Begriff wie z. B. in Hyper-Aktivität oder Hyper-Schall. »Hypo« (= unter) weist hingegen darauf hin, dass von irgendetwas (zu) wenig vorhanden ist. Eine Hypoglykämie ist also die von Diabetikerinnen und Diabetikern gefürchtete Unterzuckerung.

Krampfadern werden medizinisch als Varizen bezeichnet, der Keuchhusten heißt fachsprachlich Pertussis.

91.

Wer wurde 2005 Vizekanzler unter Angela Merkel?

A: Franz Müntefering

B: Edmund Stoiber

C: Guido Westerwelle

A: Franz Müntefering

Weder die Parteien der seit 1998 amtierenden rot-grünen Regierung noch das von den Unionsparteien und der FDP angestrebte schwarz-gelbe Bündnis konnte bei der Bundestagswahl im September 2005 mehr als 50 Prozent der Sitze im Deutschen Bundestag erlangen. In den folgenden Koalitionsverhandlungen wurden andere theoretisch mögliche Konstellationen ausgeschlossen, sodass schließlich eine große Koalition von CDU/CSU und SPD gebildet wurde. Mit deren Stimmen wurde Angela Merkel am 22. November 2005 zur ersten Bundeskanzlerin der Bundesrepublik Deutschland gewählt. Das Amt des Vizekanzlers fiel traditionsgemäß an den kleineren Partner der Koalition, also an die SPD. Der neue Minister für Arbeit und Soziales Franz Müntefering wurde zum offiziellen Stellvertreter der Bundeskanzlerin. Erst nach Münteferings Rücktritt von den Ämtern als Minister und Vizekanzler im November 2007 wurde der spätere Bundespräsident Frank-Walter Steinmeier zur Nummer zwei hinter Angela Merkel. Guido Westerwelle folgte nach der Bundestagswahl 2009 als Vizekanzler, wohingegen Edmund Stoiber nie Mitglied der Bundesregierung war.

92.

Was passierte 2019 mit einer 120 000 Dollar teuren Installation des Künstlers Maurizio Cattelan?

A: als Müll entsorgt

B: wurde aufgegessen

C: ins Weltall geschossen

B: wurde aufgegessen

Der italienische Künstler Maurizio Cattelan ist dafür bekannt, mit lebensecht gestalteten Figuren skurrile und provokante Situationen zu inszenieren. Dazu gehören ein von einem Meteoriten getroffener Papst Johannes Paul II. und eine kniende Figur von Adolf Hitler, die unschuldig und fromm wirkt und für 17,2 Millionen Dollar versteigert wurde. Von seinen gegenständlichen Arbeiten sorgte die Installation »America« für großes Aufsehen; dabei handelt es sich um ein voll funktionsfähiges WC aus 18-karätigem Gold, das 2016 im Solomon R. Guggenheim Museum in einen bestehenden Toilettenraum eingebaut wurde.

Bei der Art Basel in Miami klebte Cattelan 2019 drei Bananen aus dem Supermarkt mit Panzerband an eine Wand und konnte bereits am ersten Tag zwei dieser Objekte für 120 000 US-Dollar verkaufen. Der Performancekünstler David Datuna riss eine der Bananen von der Wand und verzehrte sie vor aller Augen. Er kommentierte seine »Hungry Artist« betitelte Performance mit den Worten: »Ich liebe Maurizio Cattelans Kunst, und ich liebe diese Installation wirklich. Sie ist köstlich.« Trotz großer öffentlicher Aufregung blieb die ausstellende Galerie gelassen: Die Käufer hätten lediglich ein Zertifikat und die Rechte an der Idee erworben. Die Banane an sich sei austauschbar.

93.

Wer Windbeutel selbst backt, muss den Teig ...?

A: anfeuern

B: abbrennen

C: ausräuchern

B: abbrennen

Auch wenn keiner der drei Begriffe so klingt, als ob auf diese Weise ein leckeres Gebäck hergestellt werden kann, ist »abbrennen« tatsächlich die in der Fachsprache genutzte Vokabel für einen Vorgang beim Backen. Zur Herstellung von klassischen Windbeuteln wird ein sogenannter Brandteig bzw. eine Brandmasse benötigt. Dafür wird zunächst aus Fett, Flüssigkeit und Mehl oder Stärke sowie mitunter auch Zucker und Aromen eine Masse hergestellt, die erhitzt wird, bis sich ein klebriger Klumpen bildet – der durch die Gerinnung des Mehleiweißes und Verkleisterung der Stärke entsteht. Anschließend wird meist noch Ei zugegeben. Das Erhitzen wird »Abrösten«, »Brühen« oder eben »Abbrennen« genannt. Typisch für die dabei entstehenden Produkte sind große Hohlräume im Inneren des fertigen Gebäcks. Andere bekannte Köstlichkeiten, die auf Basis einer Brandmasse entstehen, sind z. B. Spritzkuchen, Profiteroles, Eclairs oder Churros.

94.

In welchem Land gab es 1712 einen 30. Februar?

A: Schweden

B: Ägypten

C: Brasilien

A: Schweden

Hier geht es um eine Kuriosität beim Wechsel zum gregorianischen Kalender – der uns heute geläufigen Einteilung und Länge von Jahren, Monaten und Wochen. Der von Julius Caesar während seiner Herrschaft eingeführte julianische Kalender erwies sich nämlich im Verlauf der Jahrhunderte als zu ungenau. Daher wurde im 16. Jahrhundert eine Kalenderreform erarbeitet. Durch eine päpstliche Bulle von Papst Gregor XIII. wurde dieser neue, nach ihm benannte Kalender wirksam, und im Jahr 1582 nahmen die ersten europäischen Staaten die Umstellung vor. Grundsätzlich liefen die beiden Kalender zehn Tage auseinander, sodass für den Wechsel einmalig ein Zeitraum von ebendiesen zehn Tagen übersprungen werden musste.

In Schweden wurde die Umstellung erst 1700 beschlossen, und man entschied sich zudem für ein schrittweises Vorgehen: Angefangen im Jahr 1700 sollte alle vier Jahre lediglich ein Tag übersprungen werden, sodass man ab 1740 mit dem gregorianischen Kalender wieder synchron gewesen wäre. Während des großen Nordischen Kriegs wurde 1704 und 1708 auf den »Umstell-Tag« allerdings verzichtet, und 1711 beschloss König Karl XII., wieder zum julianischen Kalender zurückzukehren. Hierzu musste ein zusätzlicher Tag in den Kalender eingebaut werden – die Wahl fiel auf das Ende des Februars, der somit im Schaltjahr 1712 in Schweden nicht nur 29, sondern einmalig 30 Tage hatte.

1753 schließlich wechselte Schweden dann doch endgültig zum gregorianischen Kalender.

95.

Wo taucht bereits im Jahr 1515 die sprichwörtliche »Katze im Sack« auf?

A: Wilhelm Tell

B: Till Eulenspiegel

C: Faust

B: Till Eulenspiegel

Der Ausdruck der »Katze im Sack« steht redensartlich für etwas Unbekanntes. Wer die »Katze im Sack kauft«, lässt sich auf etwas Unbekanntes ein bzw. kauft etwas, ohne es vorher geprüft oder gesehen zu haben. Zurück geht dies auf eine Masche von Händlern, die auf Märkten oft eine wertlose Katze statt des ausgemachten Ferkels, Kaninchens oder Hasen in einen Sack stopften, um unaufmerksame Kunden zu betrügen. Im Volksbuch »Till Eulenspiegel« von 1515 wird erzählt, wie der Schelm eine Katze in ein Hasenfell einnäht und sie einem Handwerker als Festtagsbraten verkauft. Als der Schwindel auffliegt, kann sich Eulenspiegel ungeschoren davonmachen.

In einer anderen Geschichte ist Till Eulenspiegel auf Arbeitssuche und wird von einem Bauern mit dem Satz »Ich will wohl die Katze im Sack kaufen« eingestellt. Gesagt – getan: Eulenspiegel verschwindet und kommt nach mehreren Tagen mit einem Sack voller Katzen zurück. Der irritierte Bauer sieht ein, dass er Eulenspiegel genau mit diesem Wortlaut beauftragt hat, und entlohnt ihn für die gelieferten Katzen.

Die Werke »Wilhelm Tell« und »Faust« sind auch als Fundgrube von Redewendungen bekannt, stammen jedoch von den beiden großen deutschen Dichtern Friedrich Schiller und Johann Wolfgang von Goethe, die erst im 18. und 19. Jahrhundert tätig waren.

96.

Was enthält einen Nifekern?

A: Erdkugel

B: Gehirnzelle

C: Gewitterwolke

A: Erdkugel

Dem Begriff Nifekern kann man sich über Schulwissen im Fach Chemie nähern. Ni und Fe sind die Symbole der chemischen Elemente Nickel und Eisen (Ferrum). Es wird angenommen, dass die Metalllegierung im inneren Erdkern aus genau diesen beiden Elementen besteht, weshalb er die Bezeichnung »Nifekern« erhalten hat.

Eine direkte Untersuchung des Kerns ist mit derzeitigen Mitteln nicht möglich; das tiefste jemals gebohrte Loch ist eine Bohrung auf der russischen Halbinsel Kola, die mit ihren rund 12,3 Kilometern Tiefe nur ca. 0,2 Prozent der Strecke zum Erdmittelpunkt ausmacht. Daher werden alle Erkenntnisse über den Erdkern indirekt aus z. B. der Beobachtung des Erd-Magnetfeldes oder dem Verhalten bestimmter Wellenarten gewonnen. Es wird angenommen, dass es einen inneren festen Kern gibt, der ausschließlich aus Eisen (80 Prozent) und Nickel (20 Prozent) besteht, während der äußere flüssige Kern noch andere Elemente enthalten müsse. Insgesamt nimmt der Kern rund ein Sechstel des Volumens der Erde ein und trägt aufgrund seiner hohen Dichte zu einem Drittel ihrer Masse bei.

97.

Wer spielte in »Ein Fall für zwei« den Lederjacken-Macho Josef Matula?

A: Förster

B: Bauer

C: Gärtner

C: Gärtner

Eine abgedroschene und definitiv nur selten korrekte Krimi-Weisheit lautet: »Der Mörder ist immer der Gärtner!« Die Serie »Ein Fall für zwei« liefert eine elegante Umkehrung des Spruchs. Hier ist nämlich der Gärtner, genauer gesagt Schauspieler Claus Theo Gärtner, derjenige, der die Täter verfolgt. In allen 300 Folgen der von 1981 bis 2013 produzierten Reihe spielt er den Privatdetektiv Josef Matula, der meist hilft, die unschuldig in Verdacht geratenen Mandantinnen und Mandanten eines Rechtsanwaltes zu entlasten. Im Verlauf der Serie ist Matula für vier verschiedene Anwälte tätig, die von Günter Strack (1981–1988), Rainer Hunold (1988–1997), Mathias Herrmann (1997–2000) und Paul Frielinghaus (2000–2013) verkörpert werden. Einst hatte Matula den Polizeidienst quittiert, um einem Disziplinarverfahren wegen Strafvereitelung im Amt zu entgehen, und kann nun von seiner Ausbildung sowohl theoretisch als auch praktisch profitieren. Mit unkonventionellen, teils ruppigen Methoden und mit vollem Körpereinsatz engagiert er sich für die Mandanten, wobei er oft auch leichte oder schwerere körperliche Blessuren erleiden muss.

Claus Theo Gärtner wirkte selbst an der Charakter-Entwicklung der Figur Matula mit. Im Jahr 2001 erhielt er den Titel eines Ehrenkommissars der bayerischen Polizei und 2006 sogar das Bundesverdienstkreuz am Bande für sein soziales Engagement.

98.

Was entwarf der Designer Robert Kalina 1996?

A: Reichstagskuppel

B: Euro-Banknoten

C: Smartphone

B: Euro-Banknoten

Robert Kalina ist ein österreichischer Designer, der bereits mit dem Österreichischen Ehrenkreuz für Kunst und Wissenschaft ausgezeichnet wurde. Mit der Gestaltung der Reichstagskuppel, die auf Sir Norman Foster zurückgeht, oder gar dem Design von modernen Smartphones hat er jedoch nichts zu tun. Dennoch hat hoffentlich jeder schon einmal seine berühmtesten Werke in Händen gehalten.

Seit 1982 gingen alle österreichischen Banknoten auf seine Entwürfe zurück, und so beteiligte er sich 1996 auch am Wettbewerb zur Gestaltung der neuen Euro-Banknoten. Sein Vorschlag mit Motiven der europäischen Baugeschichte in länderübergreifenden Stilen konnte sich durchsetzen. Auf der Vorderseite aller Euro-Scheine sind Tore bzw. Fenster abgebildet, die Rückseite zeigt jeweils eine Brücke im selben Baustil. Alle Bauwerke sind fiktiv und repräsentieren mit steigendem Nennwert einen immer moderneren Baustil zwischen Antike und Moderne. Im niederländischen Spijkenisse bei Rotterdam wurde bis 2013 das Projekt »Eurobrücken« realisiert, für das sechs Brücken eines neuen Wohnviertels nach dem Vorbild der Motive auf den Eurobanknoten gestaltet wurden. Auch die ab 2013 neu ausgegebene zweite Serie der Euro-Banknoten basiert auf Kalinas Entwurf.

99.

Wer war Abgeordneter in der ersten deutschen Nationalversammlung in der Frankfurter Paulskirche?

A: Franz Kafka

B: Wilhelm Busch

C: Jacob Grimm

C: Jacob Grimm

In der Kategorie Geschichte kommt man oft nicht daran vorbei, Ereignisse und Lebensdaten von Personen zeitlich richtig einzuordnen. Die erste Nationalversammlung in der Frankfurter Paulskirche tagte in den Jahren 1848 und 1849 als verfassungsgebendes Gremium nach der Deutschen Revolution.

Franz Kafka ist der modernste der drei Autoren und veröffentlichte seine Werke erst im 20. Jahrhundert. Geboren wurde er 1883 in Prag, also mehrere Jahrzehnte nach der Paulskirchenversammlung.

Die meisten Werke von Wilhelm Busch stammen aus dem 19. Jahrhundert, aber mit seiner Geburt im Jahr 1832 war er noch zu jung, um nur 16 Jahre später bereits an politischen Vorgängen mitwirken zu können.

Jacob Grimm dagegen wurde 1785 geboren und war bereits zuvor politisch aktiv. 1837 gehörte er mit seinem Bruder Wilhelm zu den »Göttinger Sieben«, einer Gruppe von Professoren, die gegen die Aufhebung der liberalen Verfassung im Königreich Hannover protestierten. Er nahm als parteiloser Abgeordneter des preußischen Kreises Duisburg an der Frankfurter Nationalversammlung teil. Wegen der für ihn enttäuschenden Ergebnisse des Gremiums legte er sein Mandat jedoch bereits im Oktober 1848 nieder und zog sich aus dem politischen Leben zurück.

100.

Ein Klassiker des modernen Theaters ist Luigi Pirandellos Stück »Sechs Personen suchen einen …«?

A: Mörder

B: Autor

C: Sinn

B: Autor

Der Italiener Luigi Pirandello erhielt 1934 den Literaturnobelpreis und schuf mit seinem 1921 uraufgeführten Stück »Sechs Personen suchen einen Autor« die Grundlagen für das moderne Drama. Doch zunächst kam es bei der Premiere in Rom zu einem handfesten Skandal: Im Publikum gab es sowohl Anhänger als auch Gegner, die laut »Irrenhaus! Irrenhaus!« skandierten, und der anwesende Pirandello verließ mit seiner Tochter das Theater durch einen Nebeneingang, um möglichen Aggressionen zu entgehen.

Das Stück beginnt mit einer Theaterprobe für ein anderes Stück von Pirandello, bei der plötzlich eine aus sechs Personen bestehende Familie auftaucht. Sie stellen sich als unvollendete Bühnenfiguren vor und verlangen vom Theaterdirektor, ihr Leben auf der Bühne zu inszenieren. Dieser nimmt sich der Aufgabe an, scheitert aber letztendlich, da die Realität der Bühnenfiguren nicht durch das illusionistische Spiel der Schauspieler dargestellt werden kann. Dieses Aufeinanderprallen von Realität und Fiktion war revolutionär für das europäische Theater und hat das Publikum auch Jahrzehnte später noch herausgefordert und teilweise verstört. So protestierten 1981 bei einer Aufführung an der Freien Volksbühne Berlin Zuschauerinnen und Zuschauer gegen den Intendanten, der selbst die Rolle des Theaterdirektors übernahm, mit den Worten: »Schämen Sie sich, Herr Hübner!«

Finale

1.

Wofür steht das »U« in den Kurznamen der Parteien CDU und CSU?

2.

Welche Hunderasse dient als Künstlername des US-Rappers Armando Christian Pérez?

3.

Die Speichen eines Rades verbinden die Felge mit der ...?

4.

Dem griechischen Göttervater Zeus entsprach bei den Römern welcher Gott?

1. Union
2. Pitbull
3. Nabe
4. Jupiter

5.

Joseph von Eichendorff berichtet in einer Novelle »Aus dem Leben eines …«?

6.

Otto von Bismarck trug den Beinamen »der eiserne …«?

7.

Welcher deutsche Showmaster war mit der Schlagersängerin Lonny Kellner verheiratet?

8.

Die klassische Elektrodynamik ist ein Teilgebiet welcher Naturwissenschaft?

5. Taugenichts

6. Kanzler

7. Peter Frankenfeld

8. Physik

9.

Wie heißt der Trabi in der Filmkomödie »Go Trabi Go«?

10.

Welchen Stern umrundet der Planet Uranus?

11.

Der erste motorisierte Flug gelang den Brüdern Orville und Wilbur …?

12.

Welcher Greifvogel erreicht im Sturzflug Geschwindigkeiten von weit über 300 Kilometern pro Stunde?

9. Schorsch

10. Sonne

11. Wright

12. Wanderfalke

13.

Wie viele Meter sind zweieinhalb Kilometer?

14.

Welche Berufsgruppe wird mit dem Egon-Erwin-Kisch-Preis geehrt?

15.

Welche Supermarktkette ging aus der 1898 gegründeten »Einkaufsgenossenschaft der Kolonialwarenhändler« hervor?

16.

Welcher Robert spielt an der Seite von Meryl Streep im Film »Jenseits von Afrika«?

13. 2500

14. Journalisten

15. Edeka (Eigenschreibweise EDEKA)

16. Robert Redford

17.

Die Abkürzung DIN steht nicht für »Deutsche Industrie-Norm«, sondern für ...?

18.

In welchem Jahrzehnt ging erstmals ein Mensch im Weltall spazieren?

19.

Aus welcher Sprache stammt das Wort »sporadisch«?

20.

Ein persönliches Treffen mit einem Star heißt auch »Meet and ...«?

17. Deutsches Institut für Normung

18. 1960er-Jahre

19. Griechisch

20. Greet

21.

Wie wird der Modetrend bezeichnet, einfarbige Kleidungsstücke in knalligen Tönen miteinander zu kombinieren?

22.

Welche Fuge dreht sich und trennt so Emulsionen in ihre Bestandteile?

23.

In welcher US-Sportart gibt es die Position des Runningbacks?

24.

Eine alte Mönchsregel besagt: »Ora et labora.« Oder zu Deutsch: »Bete und …?«

21. Color Blocking, Colour Blocking

22. Zentrifuge

23. American Football

24. arbeite

25.

In welchen Teil des Nordatlantiks wandert der Europäische Aal zum Laichen?

26.

Max Wright wurde als leicht genervter TV-Serienvater welches Außerirdischen bekannt?

27.

Der Name welches Erdzeitalters ist von einer englischen Grafschaft abgeleitet?

28.

Eine abgewandelte Redewendung lautet:
»Neue Besen kehren gut,
aber die alten kennen die ...«?

25. Sargassosee

26. Alf, Gordon Shumway

27. Devon

28. Ecken

29.

Welches französische Wort für »Nachspeise« steht auch auf deutschen Speisekarten?

30.

Für welche Kampfsportart wurden Shinai-Bambusschwerter entwickelt?

31.

Im Sprichwort heißt es:
»Müßiggang ist aller Laster ...«?

32.

Wie heißt in der nordischen Mythologie Odins sagenhaftes Streitross mit acht Beinen?

29. Dessert

30. Kendo

31. Anfang

32. Sleipnir

33.

Welche Stadt verzichtet auf den Zusatz »Bad«, um in alphabetisch sortierten Listen ganz vorne zu stehen?

34.

Welcher Nadelbaum ist stets ganz hinten im Wörterbuch zu finden?

35.

Wie wird staatsrechtlich herrenloses Land bezeichnet?

36.

Welches Künstlerviertel in Paris ist der Schauplatz für den Film »Die fabelhafte Welt der Amélie«?

33. Aachen

34. Zypresse

35. Niemandsland

36. Montmartre

37.

Wer erhielt 1986 als erster Deutscher
den Pritzker-Preis für Architektur?

38.

In welcher Stadt in Österreich fanden bereits
zweimal Olympische Winterspiele statt?

39.

Die niederländische Erbmonarchie begründete
im 16. Jahrhundert Wilhelm von ...?

40.

Wer jemandem hilft, greift ihm
redensartlich unter die ...?

37. Gottfried Böhm

38. Innsbruck

39. Oranien

40. Arme

41.

Die Präsidentin welches afrikanischen Landes erhielt 2011 den Friedensnobelpreis?

42.

Welcher niederländische Künstler malte das »Selbstbildnis mit Pelzmütze und verbundenem Ohr«?

43.

Welcher Augustiner-Priester gilt als Entdecker der Vererbungsregeln?

44.

In welcher norddeutschen Großstadt befindet sich die Grünkohl-Akademie?

41. Liberia

42. Vincent van Gogh

43. Gregor Johann Mendel

44. Oldenburg

45.

Der Fund welches Steines machte die Entschlüsselung der ägyptischen Hieroglyphen möglich?

46.

In welchem grammatikalischen Fall muss das Objekt nach dem Verb »hören« stehen?

47.

»Planche« heißt umgangssprachlich die 14 Meter lange Kampfbahn bei welcher Sportart?

48.

Wer moderierte direkt vor Wolfgang Lippert »Wetten, dass..?«?

45. Stein von Rosette, Stein von Rosetta

46. Akkusativ

47. Fechten

48. Thomas Gottschalk

49.

Die Hauptstadt welches riesigen
Binnenstaates hieß bis März 2019 Astana?

50.

Aus welcher Landeshauptstadt
kommt die Band Scorpions?

51.

Welchen Namen trug die als
Camilla Shand geborene Frau direkt
vor ihrer Heirat mit Prinz Charles?

52.

Welchem deutschen Journalisten wurde 1936 der
Friedensnobelpreis des Vorjahres verliehen?

49. Kasachstan

50. Hannover

51. Camilla Parker Bowles

52. Carl von Ossietzky

53.

In welchem Land befindet sich die Kaaba?

54.

Welches Apollo-11-Crew-Mitglied flog stundenlang allein um den Mond?

55.

In welcher italienischen Stadt heiratete George Clooney Amal Alamuddin?

56.

Welches Reitervolk löste im 4. Jahrhundert nach Christus die Völkerwanderung aus?

53. Saudi-Arabien

54. Michael Collins

55. Venedig

56. Hunnen

57.

In welchem Monat findet traditionell die Leipziger Buchmesse statt?

58.

Wie heißen die beiden Holzstangen eines Barrens?

59.

Die Serie »Kreuzfahrt ins Glück« ist ein Ableger welcher ZDF-Fernsehreihe?

60.

Welches Wort bezeichnet sowohl eine Meinungsverschiedenheit als auch einen Unterschied zwischen zwei Messwerten?

57. März

58. Holme

59. Das Traumschiff

60. Differenz

61.

Welche Kunstschule gründete
Walter Gropius 1919 in Weimar?

62.

In welchem US-Bundesstaat befindet sich das
größte Weinanbaugebiet der Vereinigten Staaten?

63.

Wie heißt der fünfte Ton der C-Dur-Tonleiter?

64.

Auf welchem weihnachtlichen Mürbeteiggebäck
sind Szenen der Nikolausgeschichte abgebildet?

61. Bauhaus, Staatliches Bauhaus

62. Kalifornien

63. G

64. Spekulatius

65.

Wer spricht die deutsche Stimme des vergesslichen Fisches in »Findet Dorie«?

66.

Der Legende nach soll Archimedes gesagt haben: »Störe meine …«?

67.

Welcher See bildet eine natürliche Grenze zwischen Deutschland, Österreich und der Schweiz?

68.

Wie heißt die von der FIFA anerkannte Variante des Hallenfußballs?

65. Anke Engelke

66. Kreise nicht

67. Bodensee

68. Futsal

69.

Welcher Dieter war 18 Jahre lang Direktor des Filmfestivals Berlinale?

70.

Welchen Sport spielt die SG Flensburg-Handewitt?

71.

Zum wie vielten Jubiläum der Französischen Revolution wurde der Eiffelturm in Paris eingeweiht?

72.

In welchem Märchen lässt sich ein Mädchen auf dem Weg zur Oma von einem Wolf anquatschen?

69. Dieter Kosslick

70. Handball

71. 100.

72. Rotkäppchen

73.

Welche Zahl wird in römischen Ziffern als XC geschrieben?

74.

In welchem asiatischen Land ist Tagalog eine viel gesprochene Sprache?

75.

Wie lautet das Fremdwort für einen begeisterten Kinogänger?

76.

Welche dreiviertellange Hose ist nach einer Insel nahe Neapel benannt?

73. 90

74. Philippinen

75. Cineast

76. Caprihose

77.

Wer einen Künstlernamen in den Pass eintragen lässt, der benutzt ein ...?

78.

Welcher von Deutschland mitgegründete Staatenbund erhielt 2012 den Friedensnobelpreis?

79.

Wie heißt das Kunstfestival, das seit 2002 in Industriedenkmälern des Ruhrgebiets stattfindet?

80.

Die Bezeichnung »Stalagnaten« steht für die zusammengewachsenen Gebilde aus Stalaktiten und ...?

77. Pseudonym

78. Europäische Union, EU

79. Ruhrtriennale

80. Stalagmiten

Noch mehr Ratespaß

978-3-453-60489-6

Wer weiß denn sowas?
Warum heißt die Festplatte »C« und wieso schließen Frösche beim Schlucken die Augen? Und über 150 weitere knifflige Fragen aus der beliebten Wissenssendung im Ersten
ISBN 978-3-453-60489-6

Wer weiß denn sowas? 2
Warum haben Vögel keine Zähne und wieso sind lange Autotunnel nicht gerade? Und über 150 weitere knifflige Fragen aus der beliebten Wissenssendung im Ersten
ISBN 978-3-453-60518-3

Wer weiß denn sowas? 3
Was hilft bei schlechtem Handyempfang und warum ist Blau die Lieblingsfarbe der Menschheit? Und über 150 weitere knifflige Fragen aus der beliebten Wissensshow im Ersten
ISBN 978-3-453-60556-5

Wer weiß denn sowas? 4
Warum sind Bienenwaben sechseckig und was hilft gegen Seekrankheit? Und über 150 weitere knifflige Fragen aus der beliebten Wissensshow im Ersten
ISBN 978-3-453-60594-7

Leseproben unter **www.heyne.de**

HEYNE